팀장으로 글로벌 핵인싸 되기!

삼성의
팀장은
왜 강한가

팀장으로 글로벌 핵인싸 되기

삼성의 팀장은 왜 강한가

초판 1쇄 발행 | 2024년 5월 24일
초판 3쇄 발행 | 2024년 6월 28일

지은이 | 임채훈
펴낸이 | 박영욱
펴낸곳 | 북오션

주 소 | 서울시 마포구 월드컵로 14길 62 북오션빌딩
이메일 | bookocean@naver.com
네이버포스트 | post.naver.com/bookocean
페이스북 | facebook.com/bookocean.book
인스타그램 | instagram.com/bookocean777
유튜브 | 쏠쏠TV·쏠쏠라이프TV
전 화 | 편집문의: 02-325-9172   영업문의: 02-322-6709
팩 스 | 02-3143-3964

출판신고번호 | 제 2007-000197호

ISBN 978-89-6799-817-2 93320

팀장으로 글로벌 핵인싸 되기!

삼성의 팀장은 왜 강한가

임채훈 지음

사람제일

성공

숫자통달

문제해결

북오션

모든 CEO가 직면하는 근본적인 도전은 기업과 직원의 성장입니다. 특히, 조직의 중추인 팀 리더의 성장은 회사의 미래와 직접 연결되어 있기 때문에 리더 육성에 대한 고민은 끝이 없습니다. 이런 중요한 시기에 임채훈 저자의 책을 만났습니다. 이 책은 제가 팀 리더 육성 관련하여 오랫동안 고민하고 전달하고 싶었던 핵심을 포함하고 있었습니다. 임채훈 저자와 수십 년간의 교류를 통해 그의 실무 경험이 어느 누구와 비교해도 뒤지지 않음을 알고 있습니다. 리더로서 갖추어야 할 필수 요소들을 명확하고 이해하기 쉽게 담아낸 이 책은 모든 리더에게 꼭 필요한 지침서가 될 것입니다.

– 이문화(삼성화재 대표이사 사장)

●

　저자와의 인연은 박사과정 지도교수로서 맺어졌습니다. 박사논문을 지도하면서 나눴던 많은 대화 속에서 저자의 깊은 철학과 가치관을 엿볼 수 있었습니다. 특히, 대학원 전공 대표로서 보여준 리더십과 문제 해결 능력은 매우 인상 깊었습니다. 협상 세미나에서 보여준 사람 중심의 철학, 인적 자원 컨설팅 세미나에서의 명쾌한 해결책 제시, 사회과학 방법론 세미나에서 드러난 숫자 분석 능력 등 저자의 폭넓은 역량이 이 책에 고스란히 담겨 있습니다. 복잡한 이론을 쉽게 풀어내는 저자의 능력에 학문적 동지로서 다시 한번 감탄하게 됩니다. 이 책은 모든 조직 리더에게 꼭 필요한 가이드가 될 것입니다.

　　- **김주일**(한국기술교육대학교 교수, 한국경영학회 부회장, 전 한국갈등해결센터 대표)

●

　십수 년 동안 지켜본 임채훈 저자의 긍정적 변신은 실로 놀라웠습니다. 삼성 임원 출신으로 박사학위를 취득하고 교수의 길을 걷게 된 그의 여정은 많은 이들에게 영감을 주고 호기심을 불러일으키고 있습니다. 많은 변화 속에서도 한결같은 미소와 후배들로부터 꾸준히 받는 존경은 그의 인격과 리더십의 진정한 힘을 보여주고 있습니다. 30년 이상 삼성에서 쌓은 풍부한 경험과 지식이 투영된 이 책은 리더로서 성공하고자 하는 모든 이들에게 구체적인 조언을 제공할 것입니다. 리더가 되고자 하는 분들, 현재 리더로서 자리매김한 분들, 그리고 리더들에게 구체적인 지침을 제시하고 싶은 임원들에게 이 책은 필독서가 될 것입니다.

　　- **여남구**(법률사무소 YG 대표변호사, 전 삼성화재 법무실장, 서울고등법원 판사)

어느 날, 삼성화재의 인사교육 부서장으로부터 연락이 왔습니다. "임채훈 상무님은 제가 평소 존경해온 선배입니다. 기업 성장에 필수적인 조언을 주는 최고의 멘토죠. 그를 만나보시면 좋겠어요." 실제로 존경받는 선배를 만나는 것은 드문 일입니다. 삼성에서의 경험을 오롯이 담아낸 그의 책을 접하면서 그가 왜 많은 후배들에게 존경받고 있는지 알 수 있었습니다. 팀의 성장을 위해 '사람 제일', '문제 해결', '숫자 통달'이라는 핵심 주제가 명확하게 담겨 있는 이 책은 모든 리더에게 필수적인 독서라고 생각하며 적극 추천합니다.

ㅡ 홍의숙(인코칭 회장, 전 한국여성벤처협회 수석 부회장)

10년 전 기업 컨설팅을 하는 과정 중 임채훈 저자를 처음 만났습니다. 이후 그의 업무에 대한 열정, 전문성과 인간성에 매료되어 그와의 인연을 계속 이어오고 있습니다. 그의 첫 작품을 접하고 "역시!"라는 감탄이 절로 나왔습니다. 이 책에는 30년간의 기업 현장 경험과 이론적 지식이 집약되어 있습니다. 특히, 조직의 리더에게 필수적인 인간 중심의 가치, 문제 해결 및 숫자를 이해하는 능력에 대한 많은 인사이트를 제공하고 있습니다. 또한 독자로 하여금 팀 운영 노하우를 좀 더 쉽고 흥미롭게 깨달을 수 있도록 이끌고 있습니다. 리더십에 대한 책의 선택 기준은 저자가 말하는 그 리더십을 직접 실천했는지가 핵심이라고 생각합니다. 그런 면에서, 저자가 설파하는 리더십에 조금의 망설임 없는 신뢰를 보낼 수 있습니다. 임채훈 저자의 이 작품을 통해 당신의 경영 마인드와 리더십이 한 단계 업그레이드될 것임을 자신합니다.

- **김종운**(한국능률협회플러스 대표)

Contents:

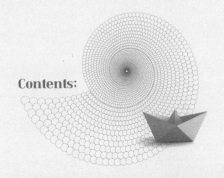

prologue

제 1 장

사람 제일

제 1 절

나, 너, 우리는 누구인가?

제 **2** 장

문제 해결

제 **1** 절

문제 탐색하기

제3장
숫자 통달

제1절
결정을 이끄는 힘: 통계의 중요성

제2절
빅데이터가 열어주는 새로운 창

20여 년의 시간 속에서,
잊혀진 편지의 귀환

2020년 12월 2일, 제 인생에 큰 전환점을 맞이하는 날이었습니다. 회사로부터 임원직을 내려놓고 자문역으로 활동하라는 통보를 받았습니다. 삼성에서 자문역 임원이라 함은 회사와 이별을 준비하는 기간을 의미합니다. 새로운 시작에 대한 기대, 설렘, 긴장 등다양한 감정과 생각들이 저의 주위를 맴돌았습니다. 지난 30년간의시간들을 되돌아보며 소지품을 정리하고 있던 중 후배 팀장으로부터 사진 한 장과 글이 담긴 메시지를 받았습니다. 사진에는 정확히18년 전, 그에게 책을 선물하면서 적었던 글이 담겨 있었습니다.

진정한 후배 오주영 대리에게

지난 일년간 자네와의 만남이 나에게는 정말
큰 기쁨이었다네.

내가 가장 존경하는 어니스트 섀클턴경의 생애는
삶은 적은 자네에게 늘 선물하고 싶구나.

一等主義 라는 共生主義가 더 중요하다고
생각하는 지훈이는 극한 환경속에서도 모두가
살아남기 위해 몸사림치는 어느 leader의 생애는
통해 이어야 오주영 대리 모습을 본단다

언젠가 반드시 만날 것을 기약하며.....
쉼없이 전진하는 오주영 대리 화이팅 !!!

2002년 12월 2일
지후 이가.

후배 팀장은 이런 메시지를 덧붙였습니다.

"현직에 계실 때는 말씀드리지 못했습니다. 이제 상무님을 형님으로 부르겠습니다. 저희는 형님의 진솔함을 믿었기에 좋은 성과를 낼 수 있었습니다. 이제는 제가 그 뒤를 이어 멋진 리더가 되겠습니다!"

글을 읽으니 팀장으로 지낸 지난 14년간의 활동들이 주마등처럼 스쳐 지나갔습니다.

14년 동안 팀장으로서 한 번도 최고의 자리를 벗어나지 않았던 필자는 성공으로 이끄는 요소들에 대하여 깊이 고민해왔습니다. 이 과정에서 세 가지 핵심 요인들을 발견하게 되었습니다. 사람을 존중하고, 문제를 제대로 해결하고, 숫자를 확실하게 이해해야 팀이 성공한다는 것이었습니다. 시간이 흐를수록 이 세 가지는 상호의존적이며, 어느 것 하나 빠짐없이 중요함을 확신하게 되었습니다. 필자는 이 책을 통해 이 세 요소가 어떻게 상호작용하며 팀장으로서 성공을 이끄는지에 대한 실무자로서의 생생한 경험을 공유하고자 합니다.

① 사람 제일

조직은 사람으로부터 시작됩니다. 팀원 각자의 역량, 동기부여, 그리고 팀워크가 뛰어난 성과로 이어집니다. 삼성에서의 경험은 이를 여실히 보여줬습니다. 우수한 성과를 낸 프로젝트는 늘 팀원들 간의 신뢰와 협력이 높은 환경에서 이루어졌습니다.

삼성의 사람 중심 육성 프로그램은 직원들의 개인적인 성장과 전문성 향상을 지원하기 위해 맞춤형 교육과 멘토링을 제공하고 있습니다. 이러한 프로그램은 팀원들이 자신의 잠재력을 최대한 발휘할 수 있는 환경을 조성하며 이는 곧 조직 전체의 성과 향상으로 이어지고 있습니다.

삼성진자의 스마트폰의 성공 사례에서도 사람 중심을 엿볼 수 있습니다. 삼성의 스마트폰 갤럭시 시리즈는 기술의 우수성만큼이나 다양한 배경과 전문성을 가진 사람들의 협력에서 비롯되었습니다. 이러한 갤럭시 시리즈의 혁신적인 기능들은 엔지니어, 디자이너, 마케터들이 하나의 목표를 향해 협력한 결과입니다.

2009년 업계 최초로 도입된 삼성화재의 자동차보험 인터넷 서비스는 어떤가요? 당시 삼성화재는 디지털 변환을 선도하기 위해 IT 전문가들과 보험 분야의 전문가들이 팀을 이루어 고객의 요구를 충족시키는 혁신적인 솔루션을 개발했습니다. 이로 인해 삼성화재의 인터넷 사업은 업계에서 게임 체인저Game Changer로 자리매김하게 되었습니다.

이러한 사례들은 혼자만의 힘으로만 되는 것은 아니었습니다. 조직 내의 다양한 인재들이 협력할 때 비로소 혁신이 가능하다는 것을 보여줬습니다. 이는 사람을 중시하는 문화가 얼마나 중요한지를 보여주고 있습니다.

② 문제 해결

문제 해결 능력은 예기치 않은 도전과 위기 속에서도 성공으로 가는 길을 찾는 데 있어 절대적으로 필요합니다. 필자는 삼성에서 다양한 위기와 도전을 경험했으며, 창의적이고 전략적인 해결책을 통해 이를 극복하는 방법도 배웠습니다. 내·외부로부터의 도전과 변화는 팀 운영 중 일상적으로 겪는 일이었습니다. 이를 효과적으로 관리하는 능력은 팀 성공의 핵심이라고 할 수 있었습니다. 이런 문제 해결 능력은 예기치 않은 도전이나 위기의 순간에 성공 여부를 가름하는 중요한 역할을 하였습니다.

애플의 '안테나 게이트' 사건을 아시나요? 2010년 아이폰4 출시 후 발생한 문제로 특정 부분을 손으로 잡을 때 신호 강도가 떨어지는 현상이었습니다. 이 문제의 원인은 아이폰4의 안테나 디자인 때문이었습니다. 애플은 문제를 인정하고 모든 사용자에게 무료 케이스를 제공하여 신호 방해 문제를 해결하였습니다. 또한 소프트웨어 업데이트를 통해 신호 강도 표시를 개선했습니다. 이러한 회사의 신속한 대응은 고객 신뢰 회복에 기여했습니다.

2016년 갤럭시 노트 7의 배터리 문제도 좋은 사례입니다. 배터리 발화 사건은 삼성전자로서는 큰 위기였습니다. 삼성전자는 이 문제를 신속히 인정한 뒤 전 세계적으로 제품의 판매와 생산을 중단하고 전면 리콜을 실시했습니다. 독립적인 조사를 통해 배터리 설계와 제조 과정의 결함을 발견하고 이를 해결하기 위해 배터리 안전성 검사 절차를 강화해 품질 관리 프로세스를 개선했습니다. 이 사건은 삼성전자에게 제품 안전성과 품질 관리의 중요성을 다시 한번 상기시켰습니다. 이후 회사는 생산 제품에 안전 기준을 더욱 엄격하게 적용했습니다. 문제를 확인하고 궁극적인 원인을 찾은 뒤 실질적인 해결 방안을 모색하는 일련의 문제 해결 과정은 치열한 경쟁에서 시장을 선도할 수 있는 원동력이 되었습니다. 이러한 과정은 기업 단위의 거대한 조직뿐만 아니라 팀 단위에서도 동일하게 적용될 수 있습니다.

③ 숫자 통달

마지막으로 숫자에 대한 이해는 목표 설정, 성과 측정, 그리고 전략적 의사결정에 필수적입니다. 예산 관리, 수익성 분석, 투자 결정 등 모든 경영 활동은 숫자에 기반을 두고 있습니다.

넷플릭스 사례를 볼까요? 넷플릭스의 성장에서 중요한 점은 데이터 기반 의사결정을 통해 사용자 경험을 혁신하고 구독자 기반을 확장한 점입니다. 넷플릭스의 데이터 기반 의사결정은 회사 설립 초기부터 그 기초를 두고 있었습니다. 하지만 이러한 접근 방식은 2007년 넷플릭스가 스트리밍 서비스를 시작하면서 본격화되었습니다. 넷플릭스는 빅데이터와 알고리즘을 활용하여 사용자의 시청 기록, 선호하는 장르, 검색 패턴 등을 분석했습니다. 이를 통해 개인화된 추천 시스템을 개발하여 사용자에게 맞춤형 콘텐츠를 추천함으로써 사용자 만족도를 높였습니다. 또한 넷플릭스는 이러한 데이터 분석을 기반으로 어떤 유형의 오리지널 콘텐츠가 성공할 가능성이 높은지 예측하고, 이에 기반하여 투자와 콘텐츠 제작 결정을 내렸습니다. 이러한 접근 방식은 넷플릭스가 시장에서 경쟁 우위를 확보하고, 시장에서 선두주자가 되는 데 결정적인 역할을 했습니다.

아마존의 동적 가격 책정 전략은 어떤가요? 아마존은 고급 데이터 분석과 알고리즘을 활용하여 시장 수요, 경쟁자 가격, 재고 수준 등을 고려해 제품 가격을 실시간으로 조정했습니다. 2000년대 초반부터 시작된 이 전략은 시간이 지남에 따라 더욱 정교해졌으며, 특히 빅데이터와 인공지능(AI) 기술의 발전으로 더욱 효과적이고 정확한 가격 조정이 가능해졌습니다. 오늘날 아마존은 수천만 개의 제품에 대해 하루에도 여러 번 가격을 조정하고 있습니다. 이를 통해 소비자에게 더 나은 가격을 제공하고, 시장 변화에 빠르게 대응하며, 경쟁사와의 차별화를 이루는 핵심 전략이 되었습니다. 아마존은 시장 변화에 한층 더 신속하게 대응하며 경쟁 우위를 유지하고, 최적화된 가격 설정을 통해 수익성을 극대화하고 있습니다. 또한, 소비자 구매 패턴 분석을 통해 맞춤형 프로모션과 할인을 제공함으로써 고객 만족도를 향상시키는 효과도 얻고 있습니다. 이 전략은 아마존이 온라인 소매 분야에서 선도적인 위치를 확보하는 데 핵심적인 역할을 하고 있습니다. 이러한 숫자와 데이터에 기반한 분석이 기업의 전략적 의사결정에 얼마나 중요한 역할을 할 수 있는지를 잘 보여주고 있습니다.

사람 제일, 문제 해결, 숫자 통달의 세 가지 요소는 서로 독립적인 개념이 아니라 기업의 성공을 위해 유기적으로 연결되어 있습니다. 앞서 제시한 예시를 통해 각 요소가 어떻게 상호작용하는지에 대하여 살펴보겠습니다.

①+② 사람 제일과 문제 해결

사람 제일 원칙은 조직 내의 모든 인재가 최대한의 잠재력을 발휘할 수 있는 환경을 조성하는 것을 의미합니다. 삼성에서의 경험은 이 원칙이 어떻게 문제 해결 능력과 밀접하게 연결되어 있는지 보여줬습니다.

삼성화재의 자동차보험 인터넷 서비스 개발과 같은 혁신적인 프로젝트는 다양한 배경과 전문성을 가진 팀원들의 협력에서 비롯되었습니다. 이는 개인의 역량과 동기부여가 높은 환경에서만 가능한 일입니다. 따라서 사람을 중심으로 한 조직 문화는 창의적이고 전략적인 해결책을 도출하는 데 필수적인 요소라고 할 수 있습니다.

②+③ 문제 해결과 숫자 통달

문제 해결 과정에서 숫자와 데이터의 중요성은 아마존의 동적 가격 책정 전략에서 명확하게 드러나고 있습니다.

시장 수요, 경쟁자 가격, 재고 수준 등을 고려한 데이터 분석은 문제 해결의 핵심 요소로 작용하고 있습니다. 이 데이터를 기반으로 한 의사결정은 아마존이 시장 변화에 신속하게 대응하고 수익성을 극대화할 수 있는 전략을 수립하는 데 도움을 주고 있습니다. 문제를 해결하는 과정에서 숫자와 데이터에 대한 깊은 이해는 더 효과적이고 전략적인 해결책을 도출하는 데 필수적입니다.

①+③ 사람 제일과 숫자 통달

마지막으로, 사람 제일 원칙과 숫자 통달은 서로 강화하는 관계에 있습니다.

넷플릭스의 경우, 데이터 기반 의사결정 문화는 직원들이 자신의 역량을 최대한 발휘하게 합니다. 이를 통해 고객들이 맞춤형 경험을 창출할 수 있도록 합니다. 이는 조직 내에서 개인의 성장과 전문성 향상을 지원하며, 동시에 기업의 전략적 목표 달성에 기여합니다. 따라서, 숫자와 데이터에 대한 이해는 사람 중심의 조직 문화와 결합하여 조직 전체의 성과 향상으로 이어집니다.

이처럼 사람 제일, 문제 해결, 숫자 통달의 세 가지 요소는 상호 의존적이며, 하나가 다른 둘을 강화하는 방식으로 작용합니다. 기업의 지속 가능한 성공을 위해서는 각 요소의 조화도 필요합니다.

이 책을 통해 필자는 세 가지 요소가 어떻게 상호작용하여 조직의 성공을 이끌어내는지, 그리고 팀장으로서 어떻게 이를 극대화할 수 있는지에 대한 실질적인 경험과 사례를 공유하고자 합니다. 사람 제일, 문제 해결, 숫자 통달. 이 세 요소는 단순한 이론이 아닌 삼성에서의 제 경험과 수많은 성공 사례를 통해 검증된 실천적 지침입니다. 여러분들이 이 책을 통해 제가 전하고자 하는 메시지를 이해하는 데 도움이 되기를 바랍니다.

이 책은 다음과 같은 독자 분들에게 소중한 인사이트를 제공합니다.

- CEO 및 임원
- 조직의 리더로서 활동하고 있는 팀장
- 원대한 꿈을 품고 시작하는 신임 팀장
- 팀장이 되고자 하는 팀장 후보자
- 조직 운영에 관심 있는 모든 분들

이 책의 차별점은 다음과 같습니다.

첫째, 필자가 30년 동안 삼성에서 쌓은 실무 경험과 인력 경영 분야 박사 과정에서 습득한 이론이 깊이 있게 결합되어 있습니다.

둘째, 팀장과 임원으로서 겪은 성공과 실패 사례들이 가감 없이 담겨 있습니다.

셋째, 사람, 숫자, 문제 해결이라는 세 가지 요소의 관계를 탐구하고 접근한 방식으로 구성된 책은 아직까지 이 책 외에는 확인되지 않았습니다.

마지막으로, 이 책은 현장에서 팀장으로 활동하는 분들을 중심으로 쉽게 이해할 수 있도록 서술되어 누구나 쉽게 접근하실 수 있습니다.

생애 첫 작품의 탄생은 많은 분들의 격려와 지원이 있었기에 가능했습니다. 부족한 저를 믿어주시고 추천의 글을 통해 따뜻한 말씀을

전해주신 한 분 한 분을 떠올려봅니다. 삼성화재 이문화 사장님, 한국기술교육대학교 김주일 교수님, 법률사무소 YG 여남구 대표님, 인코칭 홍의숙 회장님, 한국능률협회플러스 김종운 대표님께 진심으로 감사드립니다. 잊지 않겠습니다. 항상 저를 응원해주시고 기도해주신 홍성우 부사장님, 봉만철 부장님 그리고 삼성화재 동료분들! 그 고마움 가슴 깊이 간직하겠습니다.

저에게 인생의 새로운 장을 열어주신 성균관대학교 정홍주 교수님, 협성대학교 조규성 교수님, 법률사무소 YG의 김태용 공동 대표님, 인코칭의 김재은 대표님께 깊은 감사를 드립니다. 글쓰기의 세계로 안내하여 주신 장치혁 대표님과 책 출간 과정에서 아낌없는 없는 조언을 하여 주신 삼성화재 성록회 조영환 회장님의 가르침 또한 감사드립니다. 이 책의 출간 과정에서 처음부터 끝까지 함께하여 주신 북오션 박영욱 대표님과 권기우 부장님께 깊은 감사의 말씀을 드립니다.

그리고 제 삶의 동반자인 오지원 여사와 사랑하는 임하은 양의 지혜와 조언은 저에게 큰 힘이 되었습니다. 모든 분들의 지지와 사랑에 감사의 마음을 전하며 앞으로도 그 은혜 잊지 않고 보답하는 삶을 살도록 하겠습니다.

결국 조직의 성공과 실패는 사람에 달려 있습니다. 팀원과의 관계가 팀 성과에 큰 영향을 끼칩니다. 필자는 이 책의 첫 주제로 '사람'을 선택하였습니다. 이번 장에서는 팀장이 팀원과의 관계를 성공적으로 유지하고 발전시키기 위한 세 가지 주요 내용을 다룹니다. 첫째는 사람을 이해하고 갈등을 해결하는 방법, 둘째는 팀의 본질적 가치를 이해하는 과정, 마지막으로 팀장으로서 효과적인 성과 관리 방법이 담겨 있습니다. 이 장을 통해 서로 다른 개성을 가진 팀원들이 하나가 되는 팀으로 거듭날 것입니다.

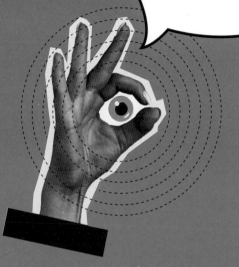

제 1 장

사람
제일

나, 너,
우리는
누구인가?

1 삼성의 혁신 정신 : 인간에 대한 이해와 기술의 진보

지금으로부터 20년 전, 2004년 가을 무렵 삼성그룹 6시그마 MBB 양성과정에서 있었던 이야기를 꺼내볼까 합니다.

당시 그룹에서는 6시그마 혁신 바람이 불었습니다. 필자는 6시그 마 BB$^{Black Belt}$ 과정을 마친 후 그룹 6시그마 MBB$^{Master Black Belt}$ 과정 에 입과하게 되었습니다. 6시그마 BB 및 MBB란 6시그마 조직 내 레벨을 일컫는 말입니다. BB는 혁신 활동에 있어 전문성을 가진 팀 리더를 말하며, MBB는 더 높은 전문성과 리더십 역할을 수행하는 업계의 전문가를 말합니다.

프로세스 매핑Process Mapping에 대한 발표가 끝난 직후, 삼성전자의 한 MBB가 필자에게 도발적인 질문을 던졌습니다.

"임채훈 MBB는 자동차 사고로 부상을 입은 피해자와 협상하고 보험금을 지급하는 일을 하시죠? 협상이라는 게 사실 우리가 말하고, 글을 쓰고, 행동하는 것에서부터 나오는데 왜 굳이 얼굴을 마주 보고 협상해야 하는 걸까요? AI를 통해 상황별로 협상을 진행할 수 있도록 로직을 구현하면 안 되나요?"

당시 이러한 질문은 필자를 무척 당황하게 만들었습니다. 순간 필자는 방어기제가 작동하면서 AI가 아무리 발달해도 인간의 복잡한 심리와 감정을 온전하게 이해하고 대체할 수는 없다고 반박했습니다.

"수십 년간 함께한 가족조차 서로를 완전히 이해하지 못하는데, 어떻게 AI가 인간을 완벽하게 대체할 수 있겠어요? 인간의 뇌를 연구해도 그 복잡함을 완전히 파악하는 것은 현실적으로 불가능해요."

이 대화는 당시 삼성전자 MBB의 도전적인 사고와 긍정적인 마인드를 보여줌과 동시에 필자가 생각하는 기술의 한계와 인간의 복잡성 사이에서 발생하는 긴장을 드러내는 사례로 기억됩니다. 되돌아보면 이러한 삼성전자 MBB의 도전 정신들이 삼성전자의 지속적인 혁신과 성장을 견인하는 데 상당한 역할을 했다고 생각합니다.

기술의 진보는 인간을 깊게 이해하려는 지속적인 시도에서 비롯되었습니다. 인간의 복잡한 사고와 감정을 따라 하기 위한 노력은 특히 AI 분야에서 주목할 만한 발전을 이뤘습니다. 하지만, 인간의 마음과 그 복잡성을 완전히 이해하는 것은 여전히 큰 도전 과제로 남아있습니다. 사람의 뇌 신호를 분석하여 이를 완전히 파악하려는 연구는 현재도 진행 중입니다. 또한 AI 기술은 기술 설계자에 의해 편향될 수 있고 윤리적인 문제도 발생될 수 있습니다.

2023년 딥마인드DeepMind의 가토Gato 사례를 보겠습니다. 가토는 다양한 작업을 수행할 수 있는 AI 모델입니다. 가토는 게임을 플레이하거나, 로봇을 조종하거나, 이미지와 텍스트를 생성할 수 있습니다. 하지만 가토는 인간의 마음을 읽는 데 특화된 모델은 아니며 인간의 감정을 정확하게 이해하거나 반응하는 데는 아직 부족한 게 현실입니다.

또 다른 사례는 2023년 오픈AIOpenAI의 달리2DALL-E 2 사례입니다. 달리2는 사용자가 입력한 텍스트를 기반으로 이미지를 생성하는 AI 모델입니다. 달리2는 놀라운 수준의 사실적인 이미지를 생성할 수 있지만, 인종차별적이거나 성차별적인 이미지를 생성하기도 하였습니다. 이는 AI 기술이 편향될 수 있다는 것을 보여주는 사례입니다.

기술이 발전해도 인간의 마음과 감정의 깊이를 완전하게 파악하기는 쉽지 않습니다. 그럼에도 불구하고 이 작은 에피소드와 사례를 통해 불가능을 가능으로 전환하는 시작점이 긍정적인 마인드와 도전 정신에서 비롯된다는 것을 보여주고 있습니다. 또한 기술의 한계를 인정하면서도 그 한계를 넘어서려는 노력이 혁신을 이끄는 원동력이 될 수 있음을 상기시켜 줍니다. 인간을 이해하려는 지속적인 도전은 기술의 발전과 더불어 더 깊은 인간 이해로 이어질 수 있는 길을 열어줍니다. 이런 이유로 이제 사람에 대하여 알아보도록 하겠습니다.

2 성격
이해의 힘:
- 개인과 조직의 성장을 위한 열쇠

　인간의 성격은 복잡다단하고 변화무쌍하며, 개인마다 고유한 특성을 가지고 있습니다. 똑같은 사람은 한 사람도 없습니다. 이러한 다양성에도 불구하고 연구자들은 지속적으로 성격을 유형화하려는 노력을 기울였습니다.

　왜 성격을 유형화하려고 하였을까요? 성격 유형을 파악하는 것은 개인의 성장, 대인 관계의 개선, 직업적 적합성 파악, 그리고 조직 내 효율성 및 팀워크 강화 등 다양한 이유로 중요하기 때문입니다. 자신과 타인의 성격을 이해함으로써, 우리는 자기 인식을 높이고, 스트레스 관리 방법을 개선하며, 의사소통을 효과적으로 할 수 있습니다. 또한, 개인의 성격 유형에 맞는 직업을 찾아 직업 만족도를 증진시키고, 조직 내에서 각자의 역할을 최적화할 수 있습니다. 이러한 이해는 팀 구성의 균형을 맞추고, 맞춤형 리더십을 통해 팀원들의 동기 부여와 만족도를 높이는 데 기여하기도 합니다. 결국, 성격 유형의 이해는 개인의 삶의 질을 향상시키고 조직의 성과를 극대화하는 데 필수적인 요소입니다.

성격 테스트는 의학의 아버지라고 불리는 히포크라테스까지 거슬러 올라갑니다. 기원전 460년경 태어난 것으로 추정되는 히포크라테스가 성격을 분류하였다니 놀랍지 않은가요? 우리나라로 본다면 고조선, 위만 조선시대라고 보면 되겠습니다. 히포크라테스는 기질론을 통해 사람을 다혈질, 담즙질, 우울질, 점액질로 구분을 하였습니다. 다혈질은 호기심이 강하고 인생을 즐기는 성격이라고 합니다. 담즙질은 의지력과 독립심이 강하고 투쟁적이라고 합니다. 우울질은 자기중심적이라고 합니다. 마지막으로 점액질은 유머감각이 뛰어나고 거침없는 행동의 소유자라고 합니다. 지금도 기질 이론에 대한 연구는 활발하게 진행되고 있습니다. 여러분이 직접 검색 사이트에서 '히포크라테스 기질 테스트'라고 입력하면 무료로 여러분의 기질을 확인할 수 있습니다.

다음으로 MBTI^{Myers-Briggs Type Indicator}는 모녀인 마이어스와 브릭스에 의해 개발된 성격 분류 모델입니다. 이는 100여 가지 질문을 통해 특정 상황에서의 사람들의 반응을 분류합니다. 검사 대상자의 응답 내용에 기초하여 외향적Extraverted—내향적Introverted, 감각적Sensing—직관적Intuitive, 사고적Thinking—감정적Feeling, 판단적Judging—지각적Perceiving 등으로 분류하고 있습니다. 예를 들어 ENFJ로 분류된 성격은 타고난 교육자이자 리더로 합리적·동기부여적·직관적·이상적·윤리적이며 친절함을 가지고 있다고 합니다.

미국의 경우 상위 10대 민간기업 중 8개 기업과 전체 미국 대기업 중 57%가 성격 진단 도구를 활용해 직원들의 성격을 평가하고 있습니다. 기업은 개인의 적성과 팀 내 역할을 이해하는 데 중요한 기준으로 삼고 있습니다. Grant(2013)의 〈MBTI: The Personality Test Taking Over the Business World〉라는 연구에서 주목할 점을 발견할 수 있습니다. 우리가 흥미로 경험한 적이 있는 MBTI 성격 테스트는 포춘 100대 기업 중 89개 기업이 MBTI를 활용하여 직원들의 성격 유형을 분석하고, 이를 기반으로 인재 개발 및 관리 전략을 수립한다는 사실입니다. MBTI의 신뢰성에 대한 논쟁은 논외로 하더라도 말입니다. 이에 비해 많은 성격심리학자들은 빅파이브 모델을 좀 더 신뢰성 있는 성격 유형 테스트 방법이라고 합니다.

1976년 폴 코스타와 로버트 매크래에 의해 개발된 빅 파이브 모델은 총 240개 문항으로 구성되어 있으며, 인간의 성격을 다섯 가지 하위 특성으로 분류하고 있습니다. 그 하위 특성을 보면 다음과 같습니다. 성실성, 평정성, 외향성, 개방성, 친화성입니다. 그 외에도 성격유형 테스트는 상당히 많습니다. 이는 성격 테스트가 앞서 언급한 바와 같이 개인의 삶의 질을 향상시키고, 조직이 더 효율적으로 운영되도록 하는 데 중요한 역할을 하기 때문입니다. 따라서, 성격 유형에 대한 이해는 개인적 성장과 사회적 상호작용 모두에 있어 가치 있는 과정이라고 할 수 있습니다.

필자도 회사 생활하면서 수시로 성격 테스트를 받았습니다. 임원으로 있었을 때는 수백여 가지의 질문으로 구성된 성격 테스트를 받은 것으로 기억하고 있습니다. 그렇다면 필자는 팀장으로 있을 때 어떠한 성격유형 분류 방법을 활용하였을까요?

3 고대 지혜를 현대에 적용하기: 필자의 성격 유형 활용법

가상으로 직장 상사와 부하 직원의 모습을 한번 보겠습니다. 장형 팀장이 장형 과장에게 말했습니다.

"난 자네를 믿어! 이 프로젝트 혼자서 충분하게 할 수 있겠지? 뭐 별거 아냐. 혼자서 처리해 봐. 권한도 다 줄게. 으쌰 으쌰 홧팅!!!"

그러자 장형 과장은 이렇게 대답합니다.

"옛써!! 믿고 맡겨주십시오. 완수하겠습니다. 충성!!!"

이에 신난 장형 팀장은 다음 날 가슴형 대리에게 똑같이 말했습니다. 그러자 가슴형 대리는 사표를 냈습니다. 한편 장형 팀장의 지시를 받은 머리형 주임의 반응은 어떠하였을까요? 구체적으로 알려준게 없으니 아무것도 하지 않는 경우가 많습니다.

필자는 팀장으로서 활동한 당시 머리형, 가슴형, 장형을 기준으로 한 간단한 성격 분류 방법을 적절하게 활용하였습니다. 이 분류 방법론은 애니어그램 성격 유형론에 근거합니다. 기원전 2500년경 바빌론과 중동 지역에서 시작된 것으로 알려진 애니어그램은 개인을 9가지 기본 유형(관찰형, 회의형, 공상형, 베풂형, 성취형, 낭만형, 완벽형, 보스형, 조절형)으로 분류하고 있습니다. 이는 다시 머리형(관찰형, 회의형, 공상형), 가슴형(베풂형, 성취형, 낭만형), 장형(완벽형, 보스형, 조절형)으로 간략화될 수 있습니다. 이 분류법은 직관적이고 이해하기 쉬운 접근성으로 사람들이 자신과 타인의 성격을 신속하게 파악할 수 있도록 돕습니다. 필자가 사용한 분류 방식을 좀 더 자세히 살펴보도록 하겠습니다.

머리형은 지식을 가장 큰 재산으로 여기며 감정보다는 이성과 논리를 중시합니다. 혼자 사색하는 시간을 중요시하고 차분하면서도 때로는 냉정한 면이 있습니다. 전쟁터의 지휘관 유형 중에서는 지략을 바탕으로 하는 지장에 비유될 수 있습니다. 삼성그룹의 이병철 회장은 머리형에 속한다고 볼 수 있습니다. 그는 삼성을 경영하면서 보여준 철저한 준비와 분석, 계획력이 머리형의 특징을 잘 나타냅니다. 삼성그룹의 연수원 명칭이 창조관인 것도 어느 정도 머리형과 연관이 있어 보입니다.

가슴형은 인간관계와 신뢰를 중요시하는 덕장 스타일입니다. 이들은 타인과의 관계를 인생에서 중요한 요소로 여깁니다. 인간관계가 좋은 사람들이 이 유형에 속하는 경우가 많으며 다른 사람과 함께 일할 때 더 큰 시너지를 발휘합니다. LG그룹의 구인회 회장은 가슴형의 대표적인 예로 LG가 추구하는 조화와 인화의 가치가 이 유형의 특성을 잘 반영합니다. LG그룹이 운영하는 '인화원'과 '화담숲'에도 조화로운 화(和) 자가 들어갑니다.

마지막으로 장형은 용기와 결단력이 뛰어난 용장 유형에 속합니다. 현대그룹의 정주영 회장처럼, 이 유형은 도전적이고 열정적인 행동을 선호하며, 자신의 영역을 확실히 하려는 성향이 강합니다. 장형은 "하면 된다"는 태도로, 자신감과 주도적인 행동이 특징입니다.

각 유형을 한마디로 정리하면 이렇습니다. 명쾌한 머리형, 다정다감한 가슴형, 화끈한 장형!

직장 상사에게 보고를 할 때 어떤 형식이 좋을까요? 머리형의 상사에게는 논리적으로 서론, 본론, 결론을 다 말하는 것이 좋습니다. 치밀한 사전준비와 계획을 세워 논리적이고 이성적으로 접근해야 합니다. 장형의 상사에게는 결론부터 딱 부러지게 설명해야 상호 불편함이 없습니다. 더불어 어떤 일을 하든 "할 수 있다"라는 자신감을 보여주는 것이 좋습니다. 마지막으로 가슴형 상사에게는 논리보다는 감성적으로 다가가는 것이 필요합니다. 평상시에도 인간적인 교류를 유지하는 것이 좋습니다.

필자는 팀 운영을 할 때 이 분류 방식을 유용하게 활용했습니다.

하지만 이러한 분류 방식을 통한 팀 운영이 모든 상황에 적용 가능한 만능 열쇠는 아닙니다. 이러한 분류에 지나치게 몰입하는 것도 바람직하지 않다고 생각합니다. 무엇보다 팀원을 있는 그대로 바라보고 개개인의 다름을 인정하는 것에서 출발하는 태도가 중요합니다. 팀원들의 다양성을 인정하고 각자의 장점을 최대한 활용하여 팀워크를 강화하는 방향으로 성격 유형 분류를 활용할 것이 필요합니다. 사람마다 그 성격이 다르고 어떤 유형 간에 만나느냐에 따라 상호 간 갈등 정도가 다를 수 있습니다. 이제 갈등에 대하여 좀 더 깊이 알아봅시다.

4 너와 내가 다르기에 발생하는 갈등:
- 변화와 혁신의 원동력

"지금까지의 모든 사회는 갈등의 사회다."라고 말한 철학자 게오르그 짐멜의 말처럼, 인류의 역사는 갈등의 역사라고 할 정도로 갈등은 인류와 함께하여 왔습니다. 이러한 갈등은 칡나무 '갈(葛)'과 등나무 '등(藤)'의 조합에서 유래되었습니다. 이러한 칡나무와 등나무는 각각 시계 반대 방향과 시계 방향으로 자라며 서로를 옥죄는 상황을 만들어냅니다. 또한 갈등을 영어로는 'Conflict'라고 합니다. 이는 '함께Together'를 뜻하는 'con'과 '매질하다flog'를 의미하는 'flict'가 결합된 단어입니다. 사전에서는 갈등을 개인이나 여러 집단 사이에서 다른 의견, 행동, 신념, 정서, 목표 등으로 인해 발생하는 상호

작용 과정이라고 설명합니다. 이는 개인 간, 직원 간, 지역 간, 집단 간, 국가 간 등 다양한 영역에서 발생하고 있습니다.

갈등의 원인으로는 의사소통의 부족, 성격 차이, 자원의 불공정한 분배(예를 들어 돈, 권력, 지위, 자원 등), 가치 충돌 등이 있습니다. 과거에는 갈등을 주로 부정적으로 인식했으나, 최근에는 갈등이 혁신을 자극하고 집단의 결속력을 강화하는 동시에 불만을 해소하는 방법으로 볼 수 있다는 관점으로 전환되고 있습니다. 적절한 수준의 갈등은 집단 내 혁신적이고 생동감 있는 문화를 만들어 낼 수 있습니다. 이러한 관점은 "비 온 뒤에 땅이 굳어진다"라는 속담과도 일맥상통합니다. 갈등의 부정적인 면이 있음에도 불구하고 그 긍정적인 측면을 인식하고 해결하는 것이 중요합니다.

갈등의 긍정적 사례로 애플의 혁신을 보겠습니다. 애플의 혁신은 갈등에서 시작되었다고 해도 과언이 아닙니다. 스티브 잡스는 독특한 아이디어를 가지고 있었으나 회사 내 다른 이들과 의견 충돌이 자주 발생했습니다. 하지만 이러한 갈등을 통해 더 우수한 아이디어를 도출하고, 혁신적인 제품을 개발하여 애플을 세계 최고의 IT 기업으로 성장시켰습니다. 이후 스티브 잡스는 혁신적인 리더로 전 세계적으로 존경받게 되었습니다.

IBM 사례를 볼까요? 1993년, IBM은 49억 7천만 달러의 큰 적자를 기록했습니다. 영업 부서 간의 갈등이 이 적자의 원인 중 하나로 확인되었습니다. 여러 영업부서들이 같은 고객에게 접근하며 상대방의 제품을 비판해 자신의 실적을 높이려 했습니다. 이 문제를 해결하기 위해 IBM의 CEO는 인센티브 구조를 변경하여 영업팀장들의 인센티브 중 70%를 회사 전체 실적에 기반해 지급하도록 조정했습니다. 이러한 조치가 영업 부서 간의 갈등을 해소하고 회사를 흑자로 전환하는 데 크게 기여했습니다. 이 사례는 갈등이 부정적인 결과로만 끝나지 않고 긍정적인 결과로 전환될 수 있음을 보여줍니다.

사례를 통해 갈등이 인간관계와 조직, 사회의 본질적인 부분임을 인식하고, 갈등을 이해하며 적절히 다루는 것이 개인과 집단, 국가의 발전에 필요함을 확인할 수 있습니다.

갈등의 긍정적인 면을 인식하고 해결을 위한 적극적인 노력이 필요하다고 필자는 강조하고자 합니다. 다음에서 갈등 해결을 위한 방법을 간략히 살펴보도록 하겠습니다.

5

팀원 간 이해를 통한
갈등 해결의 길잡이

앞에서 인간의 다양한 성격과 그 각각의 독특한 특성에 대한 연구는 수천 년에 걸쳐 이루어졌음을 확인하였습니다. 이 연구는 현재도 계속되고 있으며 몇 장의 질문지로 자신의 성격을 테스트하고 평가하는 것이 얼마나 도전적인지도 알았습니다. 그리고 그 결과를 완전히 신뢰하기는 어렵다는 것을 이해할 수 있었습니다. 확실한 점은 모든 사람이 다르다는 점입니다. 물론 사람들도 공통적인 특성과 경험을 가지고 있으며 어떤 면에서는 유사한 특성을 보여줄 수도 있습니다. 모두가 감정을 경험하고 생존에 필요한 기본적인 욕구는 공통적인 특징입니다. 그러나 성격, 선호도, 관심사, 가치관 등은 개인마다 다를 수 있습니다.

이러한 배경을 바탕으로, 팀 내에서 다양한 성격 유형이 어떻게 상호작용하는지에 대한 예를 들어 보겠습니다. 팀 내에서 장형 리더십을 가진 팀장, 머리형의 경험 많은 선배, 그리고 가슴형 성향을 지닌 남성 신입사원이 함께 일하고 있습니다. 신입사원은 수시로 머리와 옷 스타일을 바꾸며 출근하다가 어느 날은 히피 스타일로 출근하였습니다. 그때 머리형 선배가 신입사원에게 한 마디 했습니다.

"회사는 일하는 곳이야. 패션쇼 하는 곳이 아니야."

가슴형 신입사원은 동료들에게 멋진 모습을 보여드리고 싶었는데, 선배의 말을 듣고 기운이 빠졌습니다. 이러한 상황에서 장형 팀장이 한 마디 추가합니다.

"그런 식으로 멋 부리며 회사에 다니고 싶다면 당장 그만둬!"

선배의 지적에 스트레스를 받았던 신입사원은 팀장의 말을 듣고 크게 상심합니다. 신입사원의 업무 효율이 제대로 나올 수 있을까요? 가슴형인 신입사원은 자신이 멋을 내며 출근할 때 더 좋은 업무 성과를 낼 수 있다고 느낍니다. 하지만 팀 내에서의 이러한 다름을 인정받지 못하고 잘못됐다는 지적만 받는다면, 팀의 화합과 효율적인 운영은 어려울 것입니다. 팀장이 권위적이고 일방적인 지시만 내린다면 팀의 분위기는 어떻게 될까요? 다름을 잘못으로만 본다면 팀장은 자신의 시각을 넓혀야 합니다. 신입사원의 스타일과 복장에 대해 보다 다양한 방식으로 접근하고 지도할 필요가 있습니다. 필자는 팀장에게 이렇게 말하고 싶습니다.

"팀장님, 팀원은 그대와 달라요."

필자는 갈등해결을 위한 10가지 방법을 선정하여 제안합니다. 이 방법들은 팀을 운영하는 팀장에게 많은 도움이 될 것입니다.

① **갈등 인정하기**: 갈등이 있다는 것을 인정하는 것부터 시작합니다. 갈등을 부인하거나 무시하는 것은 해결책을 찾는 데 도움이 되지 않습니다.

② **직접 소통하기**: 문제에 대해 관련된 모든 사람과 직접 대화하는 것이 중요합니다. 간접적인 소통은 오해와 갈등을 증폭시킬 수 있습니다.

③ **경청하기**: 상대방의 입장과 의견을 주의 깊게 듣고 이해하려는 노력이 필요합니다. 자신의 관점만을 고수하는 것은 문제 해결에 도움이 되지 않습니다.

④ **감정 관리하기**: 감정이 고조되면 객관적인 판단이 어려워집니다. 화가 나거나 당황할 때는 잠시 휴식을 취하고 마음을 진정시키는 것이 좋습니다.

⑤ **공정하게 대하기**: 팀원들이 공정하게 대우받고 있다고 느낄 수 있도록 노력해야 합니다. 불공정한 처리는 더 큰 갈등을 야기할 수 있습니다.

⑥ **문제의 핵심 파악하기**: 갈등의 근본 원인을 이해하려고 노력해야

합니다. 표면적인 문제가 아니라 더 깊은 문제를 해결해야 합니다.

⑦ **협상하기**: 상호 수용 가능한 해결책을 찾기 위해 타협하고 협상하는 것이 중요합니다. 모두가 만족할 수 있는 중간 지점을 찾는 것이 중요합니다.

⑧ **창의적인 해결책 모색하기**: 전통적인 방법으로 해결되지 않는 문제에 대해서는 창의적인 접근 방식을 시도해볼 것을 권장합니다. 새로운 관점에서 문제를 바라보면 해결책이 보일 수 있습니다.

⑨ **전문가의 도움받기**: 때로는 중립적인 제3자나 전문가의 도움이 필요할 수 있습니다. 갈등 조정가 또는 중재자를 통해 문제를 해결하는 것을 고려해보시기 바랍니다.

⑩ **갈등 해결 후 관계 개선에 주력하기**: 갈등이 해결된 후에는 관계를 복원하고 강화하는 데 집중해야 합니다. 갈등 과정에서 손상된 신뢰를 회복하는 것이 중요합니다.

이러한 접근 방법들은 팀 내 갈등을 효과적으로 해결하고, 팀원 간의 관계를 개선하는 데 기여할 것입니다.

6 생각과 행동의 불일치:
인지부조화 이해하기

배가 출출해지는 11시 50분경 어젯밤 과음으로 인해 속이 쓰린 임 대리는 점심으로 '시원한 매운탕을 먹어야지'라고 마음먹었습니다. 바로 그 순간 팀장이 말했습니다.

"임 대리, 오늘 우아하게 스파게티 먹으러 갑시다!"

임 대리의 기분은 어떨까요? 급 우울해진 기분과는 달리 임 대리는 해맑은 웃음을 띠며 대답합니다.

"오!! 역시 김 팀장님이십니다. 맛을 아십니다!!"

이런 경험, 많지 않으신가요? 이는 팀원의 기분과 다른 태도를 보여주는 사례입니다. 또한 회의에서 팀장의 아이디어에 동의하지 않음에도 불구하고 박수를 치며 동의하는 모습도 속마음과 밖으로 표현되는 태도의 불일치를 보여줍니다.

성격과 태도의 차이점을 이해하고, 인지부조화가 일상과 조직생활에 미치는 영향을 살펴보겠습니다. 성격은 개인의 고유한 특성으로 보통 타고나며 시간이 지나도 변하지 않는 경향이 있습니다. "사람은 안 변해"라는 말을 들어보셨나요? 이는 성격을 두고 하는 말입니다. 반면, 태도는 특정 대상이나 상황에 대한 반응으로 시간과 경험에 따라 변화할 수 있습니다. 가정, 직장, 사회에서 우리는 종종 자신의 의지와 무관하게 행동해야 하는 경우가 많습니다.

예를 들어, 직장에서 친절하게 행동하는 A가 실제로 성격이 친절한 것일 수도 있고 상황에 따른 태도일 수도 있습니다. 최악의 상사도 가정에서는 좋은 부모가 될 수 있습니다. 이처럼 우리는 타인의 태도를 바탕으로 그들을 평가하는 경향이 있습니다.

이처럼 우리가 실제로 느끼는 것과 다르게 행동할 때 인지부조화를 경험할 수 있습니다. 인지부조화는 우리의 신념과 행동 사이의 불일치나 비일관성으로 인해 발생합니다. 한 마디로 생각 따로, 행동 따로인 상황을 의미합니다. 예를 들어 임 대리가 실제로는 스파게티를 먹고 싶지 않았으나 팀장의 제안을 따라 행동했을 때, 신념과 행동 사이에 불일치가 발생하여 인지부조화를 느낄 수 있습니다.

그렇다면 인지부조화가 발생되면 어떤 문제가 생길까요? 자신이 생각한 대로 행동하지 못하면 당연히 불편함, 스트레스가 발생될 것입니다. 스트레스가 누적된다면 개인적으로는 불행해질 것이고 팀도 인력 운영에 많은 어려움을 겪게 될 것입니다. 그러하기에 인지부조화가 발생하게 되면 그 개인은 여러 방법을 통해 인지부조화를 해결하려 할 것입니다.

이와 관련하여 이솝우화 중 '여우와 포도' 이야기가 있습니다. 여우는 높은 곳에 매달려 있는 포도를 보고 이를 먹고 싶어 하지만 그것에 닿을 수 없게 되자 여우는 포도가 아직 덜 익었거나 신 것이라며 먹을 가치가 없다고 결정을 내립니다. 여기서 먹고 싶지만 먹을 수 없는 상황에서 발생한 인지부조화를 해소하기 위해 스스로 포도가 덜 익었거나 시다고 '자기합리화'를 하게 됩니다.

또 다른 사례로, 길거리에서 현금 다발이 든 가방을 주운 상황을 생각해보겠습니다. 돈을 줍는 순간 갈등이 생기며 인지부조화가 발생합니다. 돈을 돌려줄 것인가, 아니면 가질 것인가의 선택에서 인지부조화를 없애는 방법은 간단하게 돌려주는 것입니다. 하지만 돌려주지 않고, '돈 가방을 잃은 사람이 잘못한 거지, 나는 잘못한 게 없어'라고 자기합리화를 하는 경우도 있습니다. 이와 같이 인지부조화를 해소하기 위한 여러 방법 중 하나가 자기합리화입니다. 조직경영의 결정권을 가지게 되는 리더의 경우 그가 가지는 인지부조화를 줄이기 위해 자신의 견해에 도전하는 정보를 선택적으로 처리하거나 무시하는 확증 편향적 성향이 증가하는 위험성도 증가하게 됩니다. 당연히 조직성과에도 부정적 영향을 끼치게 됩니다.

인지부조화로 인해 스트레스가 발생되는 경우가 많습니다. 하지만 이를 해결하기 위한 해법은 찾기가 쉽지 않습니다.

스트레스와 불편함의 주요 원인 중 하나인 인지부조화를 줄이는 데 도움이 되는 세 가지 방법을 소개하고자 합니다. 이 세 가지 방법을 실천함으로써 인지부조화로 인한 스트레스를 상당 부분 해소할 수 있을 것입니다.

목표를 작은 단위로 나누어 도전하기◆

큰 목표나 기대치를 작은 단계로 나누어 접근하는 것을 권합니다. 이렇게 하면 달성 가능한 작은 목표를 통해 즉각적인 성취감을 느끼고 자신의 행동과 가치가 일치하는 방향으로 점진적으로 나아갈 수 있습니다.

피드백과 소통 증진◆

동료들이나 상사와 정기적으로 소통하며 피드백을 주고받는 것을 추천합니다. 이는 자신의 업무 방향과 조직 내 기대치가 일치하는지 확인하는 데 상당한 도움이 됩니다. 피드백을 통해 자신의 업무 방식을 재조정하고, 조직 내 역할과 기대에 부합하도록 노력할 때 점차 스트레스가 줄어드는 것을 확인할 수 있습니다.

스트레스 관리 기술 적용 ◆

짧은 명상이나 호흡 운동, 일상에서의 작은 휴식 같은 스트레스 관리 기술도 많은 도움이 됩니다. 업무 중 짧게 시행할 수 있는 이러한 활동들은 마음을 진정시키고, 업무에 대한 긍정적인 태도를 유지할 수 있습니다. 또한, 이는 업무와 개인 가치 사이의 간극을 좁히는 데도 효과적일 수 있습니다.

하지만 이러한 노력을 기울였음에도 스트레스가 해소되지 않고 지속적으로 누적된다면 어떻게 해야 할까요? 스트레스로 인해 어려움을 겪는 팀장과 팀원들을 위해 '회복탄력성'을 소개합니다.

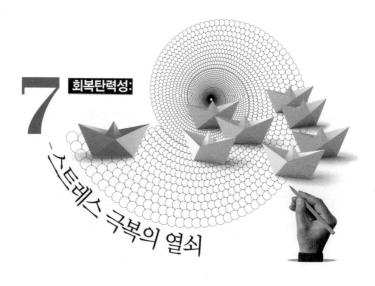

7 회복탄력성:
스트레스 극복의 열쇠

　조직생활 중 인지부조화를 비롯해 여러 어려움을 겪는 분들께 '회복탄력성'을 소개합니다. 회복탄력성, 즉 'Resilience'는 어려움을 겪은 후 원래 상태로 돌아가는 능력을 말합니다. 이는 실패나 좌절에서의 회복을 넘어선 다시 일어설 수 있는 내적 힘을 의미합니다. 특히 팀 리더로 활동하거나 리더가 되고자 하는 분들에게 이는 필수적인 자질입니다. 어려운 상황에 효과적으로 대처하고 긍정적인 변화를 이끌어낼 수 있는 기반이 됩니다.

　필자는 김주환 교수의 책을 통해 회복탄력성에 대한 심층적 이해와 실천 방안을 얻을 수 있습니다. 필자가 받은 인사이트를 조직에 적용한 결과, 많은 직원이 스트레스를 극복하는 데 큰 도움을 받았음을 확인하였습니다.

회복탄력성을 구성하는 주요 요소로 자기조절 능력, 대인관계 능력, 그리고 긍정성이 있습니다. 그중 긍정성은 자기조절 능력과 대인관계 능력을 향상시키는 데 있어 핵심적인 역할을 한다고 합니다. 이는 긍정적인 태도가 개인의 사고방식과 행동에 광범위한 영향을 미칠 수 있음을 시사합니다. 즉 회복탄력성을 키우기 위해서는 긍정성을 강화하는 것이 기본적으로 중요함을 알 수 있습니다. 그렇다면 긍정성을 높이기 위해서는 무엇을 해야 할까요? 김주환 교수는 긍정성을 높이기 위한 두 가지 비법을 소개하고 있습니다. '감사하기'와 '운동하기'입니다. 필자도 1,000% 공감한 내용입니다.

긍정심리학에서는 지난 10년간 '감사하기'가 긍정성을 높이는 데 많은 효과가 있다는 것을 발견했습니다. 많은 연구에서 분노가 많은 사람이 심장병에 걸릴 확률이 높다는 것을 밝혀냈습니다. 분노를 가라앉히기 위해서는 심장을 편안하게 유지하는 것이 중요합니다. 바람직한 심장박동수의 변화는 10초에 1번, 즉 0.1Hz일 때 가장 좋습니다. 이때 호흡, 심장 박동, 혈압의 변화가 모두 같은 주기를 유지하는 일치Coherence의 상태를 유지하게 됩니다. 이러한 일치 상태를 만들어주는 것들 중의 하나가 감사하기입니다.

감사의 마음을 실천하는 방법을 말씀드리겠습니다. 잠들기 전 그날 있었던 감사한 일들을 다섯 가지 이상 적는 것입니다. 감사한 일들이 많을수록 좋습니다. 시작하는 것이 어렵다면 단 한 가지라도 그날에 있었던 감사한 일을 적어보시기 바랍니다. 글로 남기셔야 합니다. 카카오톡에라도 남겨보시기 바랍니다. 그러한 과정을 매일매일 3주 동안 실행하면 변화된 자신을 느낄 수 있습니다. 3개월이 지나면 주변 사람들도 여러분의 변화에 놀랄 것입니다. 긍정의 힘이 커지고 모든 일에 더욱 자신감이 넘칠 것입니다.

다음은 '운동하기'입니다. 규칙적으로 운동하는 것입니다. 우리 모두는 운동이 중요하다는 것을 알고 있습니다. 하지만 규칙적으로 운동하는 것이 회복탄력성을 높이는 데 특효약임은 널리 알려져 있지 않습니다. 영국 정신건강재단, 하버드대학의 정신과 의사 존 래티, 세계적인 생명공학 연구소인 솔크연구소와 컬럼비아 메디컬센터의 스콧 스몰 연구팀 등 많은 연구소와 학자들은 운동이 뇌를 건강하게 하고 행복감을 증진시킨다는 사실을 입증하였습니다. 운동은 신체의 건강뿐만 아니라 뇌의 기능을 증진시키고 긍정적인 변화를 가져오는 중요한 역할을 합니다. 정기적으로 운동을 시작하면 약 3개월 후에는 자신의 변화를 실감하게 됩니다. 이러한 변화는 단순히 신체적인 면에서만 나타나는 것이 아니라 정신적인 면에서도 큰 영향을 미칩니다.

운동을 통해 얻어지는 긍정의 힘은 매우 강력합니다. 이는 일상생활의 모든 측면에서 자신감을 증대시킵니다. 자신의 변화를 직접 느끼는 것뿐만 아니라, 주변 사람들도 이러한 변화를 목격하고 놀라움을 표현할 것입니다. 운동은 단지 건강을 유지하는 수단을 넘어서 삶의 질을 향상시키고 긍정적인 자아상을 구축하는 데 중요한 역할을 합니다.

운동을 시작하려면 유산소 운동, 근력운동, 그리고 장력 운동(스트레칭)을 골고루 실시하는 것을 권합니다. 일주일에 세 번, 30분씩 걷는 것만으로도 건강 유지에 큰 도움이 됩니다. 운동을 할 때 무리하게 진행하기보다는 즐겁게 운동하는 것이 중요합니다. 예를 들어 좋아하는 음악을 들으며 리듬을 타는 것이 운동의 즐거움을 더해줄 수 있습니다. 또한 친구들과 함께 운동하거나 야외에서 활동하는 것도 운동을 더 재미있고 효과적으로 만들어줍니다.

운동의 효과를 신뢰하는 것이 중요합니다. 바쁘다는 이유로 운동을 소홀히 하지 않도록 노력해야 합니다. 일상에서 시간을 내어 운동에 투자하는 것은 장기적으로 볼 때 매우 가치 있는 일입니다. 운동은 단순히 신체 건강을 위한 것뿐만 아니라, 조직생활에서 겪는 스트레스와 갈등을 극복하는 데에도 중요한 역할을 합니다. 이를 통해 일상생활의 질을 향상시키고, 정신적, 신체적 건강을 동시에 증진시킬 수 있습니다.

필자가 소개한 감사하기와 운동하기를 통해 긍정의 힘을 키우고 조직 생활에서의 스트레스를 이겨내기를 응원합니다.

팀 성과를 위한 첫 단추, 팀원의 마음 관리

1

– 20여 년의 시간 속에서, 잊혀진 편지의 귀환

2020년 12월 2일, 제 인생에 큰 전환점을 맞이하는 날이었습니다. 회사로부터 임원직을 내려놓고 자문역으로 활동하라는 통보를 받았습니다. 삼성에서 자문역 임원이라 함은 회사와 이별을 준비하는 기간을 의미합니다. 새로운 시작에 대한 기대, 설렘, 긴장 등 다양한 감정과 생각들이 저의 주위를 맴돌았습니다. 지난 30년간의 시간들을 되돌아보며 소지품을 정리하고 있던 중 후배 팀장으로부터 사진 한 장과 글이 담긴 메시지를 받았습니다. 사진에는 정확히 18년 전, 그에게 책을 선물하면서 적었던 글이 담겨 있었습니다.

진정한 후배 오겨영 써니에게

지난 일년간 자네와의 만남이 나에게는 정말
은 기쁨이었다네.

내가 가장 존경하는 어니스트 새운턴경의 생애는
닮은 적은 자네에게 꼭 선물하고 싶구나.
一等主義 라는 共生主義가 더 중요하다고
생각하는 치훈이는 극한 환경속에서도 모두가
살아남기 위해 몸수임지는 어느 leader의 생애는
통해 이해의 오겨영 에게 모습을 본단다

언젠가 반드시 만난 것을 기약하며 . . . . .
영원이 전진하는 오겨영 써니 화이팅 ! ! !

                                    2022년 12월 2일
                                      채훈이가

후배 팀장은 이런 메시지를 덧붙였습니다.

"현직에 계실 때는 말씀드리지 못했습니다. 이제 상무님을 형님으
로 부르겠습니다. 저희는 형님의 진솔함을 믿었기에 좋은 성과를 낼

수 있었습니다. 이제는 제가 그 뒤를 이어 멋진 리더가 되겠습니다!"

글을 읽으니 팀장으로 지낸 지난 14년간의 활동들이 주마등처럼 스쳐 지나갔습니다.

그해는 필자의 팀장 부임 첫 해임에도 불구하고 100여 개 팀들 중에서 최고의 실적을 냈습니다. 그 고마움 표시로 리더의 참 모습이 담긴 어니스트 섀클턴의 《인듀어런스》라는 책을 팀원들에게 선물로 전달하였습니다. 요즘도 종종 그 팀원들(아니 그분들)을 만나 소주 한 잔 기울이면서 그 시절 이야기를 나누고는 합니다. "우리가 어떻게 그 시간들을 견디며 지냈을까?"라고 물어보면 그들은 한결같이 '신뢰'라는 단어를 공통적으로 언급합니다. "신뢰가 없었으면 그 당시 신임 팀장의 의사결정에 따르지 않았을 것"이라고. "우리가 팀장을 믿을 수 있도록 팀장이 움직여줬다"고. 여기서는 조직의 심장인 팀장이 팀장으로 활동하면서 생각해야 할 마음 관리와 성과 관리에 대하여 적어보겠습니다.

2 팀장 활동의 두 축:
마음 관리와 성과 관리

팀장의 역할은 하모니를 이끌어내는 지휘자처럼 조화로운 음악을 연주하는 것과 유사합니다. 이 음악의 핵심은 '마음 관리'와 '성과 관리'라는 두 개의 소중한 악보로 구성됩니다. 이 두 영역은 팀의 성공과 직결되며 팀장의 역할은 이 두 가지를 균형 있게 관리하는 데에 있습니다.

마음 관리

마음 관리는 팀원들의 동기 부여, 팀워크 증진, 불편한 마음 공감하기 등을 포함합니다. 팀장은 팀원 각자의 장점을 이해하고 이를 업무에 최대한 활용하는 방법을 찾아야 합니다. 또한 팀원들 사이의 의사소통을 원활하게 하고, 갈등을 조정하는 역할도 중요합니다. 마음 관리는 팀원들이 직면한 문제를 해결하고, 그들의 커리어 성장을 지원함으로써 팀 내 긍정적인 근무 환경을 조성하는 것을 목표로 합니다.

마음 관리 관련 사례 중 하나로 1:1 면담이 있습니다. 사례를 보면 다음과 같습니다. 한 기업의 프로젝트 팀장인 김 팀장은 프로젝트 시작부터 팀원들의 개성과 역량을 파악하기 위해 노력했습니다. 그는 팀원들과의 1:1 면담을 정기적으로 진행하여, 각자의 업무 선호도, 개인적인 목표, 그리고 직면한 어려움을 파악했습니다. 이를 통해 김 팀장은 프로젝트의 다양한 업무를 팀원들의 강점과 선호에 맞게 배분했습니다. 예를 들어 창의적인 아이디어를 내는 것을 좋아하는 팀원에게는 새로운 제안을 기획하는 업무를 맡겼고, 세부 사항에 강한 팀원에게는 프로젝트 관리와 문서 작업을 맡겼습니다. 이러한 접근은 팀원들의 만족도와 업무 효율성을 크게 향상시켰으며 프로젝트는 성공적으로 완료되었습니다.

성과 관리◆

성과 관리는 팀의 두뇌와 같습니다. 성과 관리는 팀의 목표 설정, 이를 달성하기 위한 전략 수립, 성과 평가 및 피드백 제공 등을 포함합니다. 팀장은 명확하고 측정 가능한 목표를 설정하여 팀원들이 이해하고 달성할 수 있도록 해야 합니다. 또한 정기적인 성과 평가를 통해 팀의 진행 상황을 점검하고, 필요한 조정을 실시해야 합니다. 이 과정에서 팀장은 개선점을 발견하고, 이를 팀원들과 공유하여 팀 전체의 성과를 향상시키는 데 기여해야 합니다.

이와 관련한 사례도 하나 소개하고자 합니다. 미국의 한 스타트업에서 A 팀장은 성과 중심의 관리 방식을 도입하여 팀의 목표 달성률을 높였습니다. 팀장은 팀의 주간 목표를 설정하고 각 목표 달성을 위한 구체적인 KPI Key Performance Indicators를 정의했습니다. 또한 매주 팀 미팅을 통해 이러한 KPI의 진행 상황을 검토하고 목표에 도달하지 못한 경우 그 원인을 분석하여 개선 방안을 모색했습니다. 팀장의 이러한 접근은 팀원들에게 명확한 목표 의식을 심어주었고 자기 주도적으로 업무를 관리하게 했습니다. 그 결과 팀은 예상보다 빠른 시간 내에 프로젝트 목표를 달성할 수 있었습니다.

마음 관리와 성과 관리의 균형: 팀장의 주요 도전과제✦

이 두 가지 영역에 대한 이해와 효과적인 관리는 팀장이 가져야 할 필수적인 능력 중 하나입니다. 두 영역 사이에서의 조화는 팀이 최고의 성과를 발휘하게 합니다. 팀원 각자가 자신의 역할에서 만족과 성취감을 느낄 수 있게 합니다. 마음 관리에 너무 치중하면 성과가 떨어질 수 있으며, 반대로 성과 관리에만 집중하면 팀원들의 만족도와 동기 부여가 감소할 수 있습니다.

따라서 팀장은 이 두 영역 사이에서 균형을 찾아야 합니다. 팀원들이 만족하며 업무에 몰입할 수 있는 환경을 조성함과 동시에 팀의 목표 달성을 위해 효율적으로 작업할 수 있도록 해야 합니다. 두 영역을 잘 조율할 때 팀은 창의력과 혁신의 꽃을 피울 수 있습니다.

팀장으로서 여정은 때로는 도전적일 수 있지만 마음 관리와 성과 관리의 조화를 통해 팀의 성공을 이끌어내는 것은 진정으로 가치 있는 일입니다. 이 두 가지 영역에 대한 깊은 이해와 사랑, 그리고 헌신이 팀을 더 높은 곳으로 이끌 것입니다.

3 팀의 본질적 가치:
~시너지 창출

　지금도 생각하면 기분 좋은 기억이 생생하게 되살아납니다. 2023년 10월 2일은 항저우 아시안게임에서 전지희와 신유빈으로 구성된 여자 복식팀이 금메달을 획득한 날입니다. 전지희 선수는 1992년생으로 2011년에 한국으로 귀화하여 국적을 취득한 중국 출신이며 세계 랭킹 33위였습니다. 신유빈 선수는 2004년생으로 세계 랭킹 8위에 올라 있었습니다. 둘은 아이러니하게도 12세 차이가 나는 띠동갑이었습니다. 한국으로 귀화한 중국인과 한국인으로 이루어진 이 팀의 신유빈 선수는 오른손잡이이고 전지희 선수는 왼손잡이입니다. 상반된 모습이 맞물려 어우러진 이들의 세계 랭킹을 산술평균하면

20위 수준이지만, 이들이 복식에서는 마치 산술평균을 비웃기라도 하듯 세계 랭킹 1위를 달성했다는 사실이 매우 흥미로웠습니다. 이러한 사례는 두 선수가 어우러질 때 세계 랭킹 1위라는 성과를 달성할 수 있다는 점에서 팀의 시너지 효과를 잘 보여주고 있습니다.

필자는 팀을 맡을 때마다 팀원 개인별 역량의 합보다 더 큰 성과를 도출하겠다는 다짐을 스스로 하였습니다. 팀은 시너지를 위해 존재합니다. 팀이라는 조직은 팀원 각자의 능력을 합친 것 이상의 결과를 낼 수 있는 조직입니다. 로빈스Robbins 교수에 따르면, 집단group과 팀team 사이에는 중요한 차이가 있다고 합니다. '집단은 각자의 책임 영역에서 일을 하는 조직'이라고 하였습니다. 이와 반대로 '팀은 협력을 통해 긍정적인 시너지를 창출하며, 팀원들의 개별적 노력의 합보다 더 큰 성과를 달성하는 조직'이라고 하였습니다.

팀이 시너지를 내야 하는 이유는 다양한 기술, 판단, 경험이 필요한 현대의 급변하는 환경 때문입니다. 집단은 정보 단위 수준에서만 공유하지만, 팀은 조직의 성과를 극대화하고 개인과 조직 모두가 책임을 지는 구조를 가집니다. 이러한 팀은 업무 형태에 따라 여러 가지의 팀으로 분류되고 있습니다.

문제 해결 팀은 제품이나 서비스의 품질, 효율, 작업 환경을 개선하기 위한 방법을 논의합니다. 자율 관리 팀은 관련성이 높은 직무를 수행하는 사람들로 구성되며, 작업 계획부터 실행까지의 권한을 가집니다. 기능 횡단 팀은 다양한 직무 영역에서 온 사람들로 구성되어 복잡한 프로젝트를 조정하는 데 효과적입니다. 가상 팀은 지리적 위치에 관계없이 온라인으로 연결된 구성원들이 공동의 목표를 달성하기 위해 협력합니다. 물론 위와 같은 형태의 팀 외에도 시너지를 낼 수 있다면 여러 형태의 팀이 존재할 수 있습니다.

조직 내에서는 시너지를 내는 팀과 그러지 못하는 팀이 있습니다. 예를 들어 홍길동, 이순신, 김유신의 능력이 각각 2, 3, 4로, 합이 9인 경우 이를 '팀'이라고 부를 수 없습니다. 진정한 '팀'은 이들의 합인 9를 넘어서는 결과, 즉 10, 20, 30과 같은 더 큰 능력을 창출해야만 합니다. 이러한 예들은 팀이 단순한 집단을 넘어서 협력과 상호 보완을 통해 더 큰 성과를 이끌어낼 수 있어야 함을 보여줍니다.

이러한 시너지 효과를 내기 위해서는 팀장과 팀원들이 팀의 목적과 중요성을 정확히 이해하고 각자의 역할에 대해 명확히 알고 있어야 합니다. 팀장의 역할은 팀원들의 개별 역량을 최대한 발휘하게 하고 서로의 역량을 보완할 수 있는 환경을 조성하는 것입니다. 팀의 성공은 단순히 팀원 개개인의 기술이나 능력에 의한 것이 아니라 그들이 얼마나 잘 협력하고 상호 작용하느냐에 달려 있습니다. 또한 팀 구성에 있어서 다양성은 큰 자산이 될 수 있습니다. 서로 다른 배경, 경험, 전문 지식을 가진 팀원들이 모여 복잡한 문제를 해결하고 창의적인 아이디어를 생산할 수 있습니다.

이는 기능 횡단 팀cross-functional team이나 가상 팀virtual team과 같은 다양한 팀의 형태에서 더욱 두드러집니다. 팀원들이 서로 다른 관점을 공유하고 통합함으로써 팀은 예상치 못한 해결책을 찾아내고 목표를 달성하는 데 필요한 독창적인 접근 방식을 개발할 수 있습니다. 팀을 잘못 구성하거나 운영할 경우 성과에 부정적인 영향을 미칠 수 있으며 때로는 단순한 집단보다 못한 결과를 초래할 수도 있습니다. 따라서 팀장은 팀을 효과적으로 관리하고 운영할 수 있는 전략을 개발해야 하며 팀원 각자가 팀의 목표와 비전을 공유하고 서로에 대한 신뢰와 존중을 바탕으로 협력할 수 있는 문화를 조성해야 합니다.

결국 '팀'은 단순한 집단이 아니라 각 구성원이 서로 협력하여 기대 이상의 성과를 낼 수 있는 조직의 핵심 단위입니다. 팀의 성공은 조직의 전체 성패를 결정짓는 중요한 요소이며 이를 위해 팀장은 팀의 의미와 목적을 정확히 이해하고, 이를 실현하기 위해 함께 노력해야 합니다.

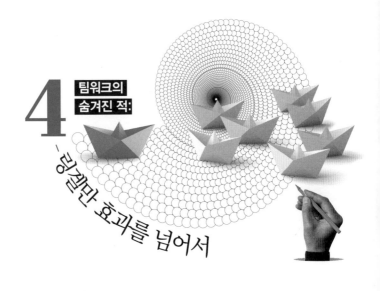

4 팀워크의 숨겨진 적:
— 링겔만 효과를 넘어서

　'링겔만 효과Ringelmann Effect'를 들어본 적이 있나요? 대체로 많은 기업은 조직이 방대해지고 직원의 수가 늘어날수록 전체의 성과가 개인 성과의 합보다 적어지는 경우가 있습니다. 즉 조직에 포함된 개인의 수가 늘어날수록 그 성과에 대한 1인당 공헌도가 비례적으로 늘어나지 않고 오히려 떨어지는 현상이 발생하는 데 이를 '링겔만 효과'라고 합니다. 영어로 'Effect'라고 하니 우리나라 사전에서는 효과라고 해석을 하는데, 실상은 좋은 의미가 아닙니다. '링겔만 효과'라고 적고 '링겔만 부작용'이라고 이해하시는 게 좋을 듯합니다. 100여 년 전 독일의 심리학자 링겔만Ringelmann은 줄다리기를 통해 집단에 속해 있는 개인들의 공헌도 변화를 측정하는 실험을 하였습니다. 개인이 당길 수 있는 힘을 100이라고 볼 때 2명, 3명, 8명이 되면 200, 300, 800의 힘이 발휘될 것으로 예상하였으나 실험 결과에 따르면 2명일 때는 기대치의 93%, 3명일 때는 85%, 그리고 8명일 때는 64%의 힘의 크기만 작용하는 것을 발견하였습니다.

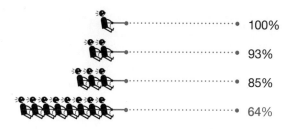

실제 실험에서도 링겔만 효과를 관찰할 수 있었습니다. 휴가객 옆에 한 청년이 자신의 지갑을 두고 바다에서 노는 중에 도둑이 청년의 지갑을 가져가는 상황을 만들었습니다. 그 결과 총 20회의 실험 중 단 4회만 휴가객들이 그 도둑을 잡으려고 시도했습니다. 하지만 청년이 바닷물로 들어가기 전 휴가객에게 "제 지갑 좀 봐주세요."라고 직접 부탁한 경우 20회의 실험 중 19회에서 휴가객들이 도둑을 잡으려고 했습니다. 이는 사람들이 자신에게 책임이 주어질 때 이를 지키기 위해 노력한다는 것을 의미합니다. 즉 사람이 여러 명 중 하나로 주목받지 않는 방관자가 될 때는 의식적이든 무의식적이든 최선을 다하지 않게 됩니다. 하지만 개인적인 책임이 주어지거나 직접 약속한 경우에는 위험을 감수하며 적극적으로 노력한다는 사실을 보여줍니다.

오래전 남성들의 몸짱 열풍을 몰고 왔던 '300'이라는 영화가 있었습니다. 300명에 불과한 스파르타의 왕과 전사들이 페르시아 100만 대군에 맞서 선전했습니다. 수적 우세만을 과신한 페르시아 왕과 개인 전사별 명확한 역할 부여와 군대의 역량을 하나로 집중시키는 스파르타 왕의 통합적 리더십을 비교하여 보여주었습니다. 100만 페르시아 군대는 산술적인 수적 우세만을 과신해서 진격하였습니다. 하지만 자신의 역량을 알고 있는 스파르타 군대는 적은 인원으로 최대의 성과를 내기 위해 철저한 역할분담과 조직에 충성하는 몰입도를 보여줬습니다. 이는 스파르타와 페르시아의 전쟁이기보다는 시너지 효과와 링겔만 효과의 대결이라고도 볼 수 있을 것입니다.

사마천(史馬天)의 《사기(史記)》에 "사람은 자기를 알아주는 사람을 위해 죽는다(士爲知己者死)"라는 글이 있습니다. 이 글을 통해 자기를 인정해준 사람에게 목숨까지 바치며 충성을 다하는 인간의 행동을 읽을 수 있습니다. 팀 리더는 공동의 목표 달성을 위해 구성원 개개인에게 명확한 역할을 부여하여야 합니다. 각자가 책임감을 가질 수 있도록 일정 수준의 권한도 이양해줄 필요가 있을 것입니다. 팀 전체 성과에 대한 평가뿐만 아니라 구성원 개개인 성과 평가도 하는 것이 중요합니다. 집단 속에서 개인의 성과와 부족함이 명확하게 드러날 때 링겔만 효과, 즉 부작용은 줄어들게 될 것입니다.

5 소중한 팀 리더:

─리더십이 빚어내는 팀의 시너지

여러분은 팀의 시너지 효과와 링겔만 효과를 통해 어떤 느낌을 가지셨나요? 팀의 성공 여부가 리더에게 달려 있다고 해도 과언이 아닙니다. 잘못된 리더십 아래에서는 언제든지 팀이 무너질 수 있으며, 이는 조직 전체에 악영향을 미칠 수 있습니다. 만약 팀 내에서 팀원들이 자신의 이익만을 추구하며 갈등이 더욱 심화된다면 시너지를 내지 못하는 '집단'을 운영하는 것이 더 나을 수 있습니다.

다시 2023년 항저우 아시안게임 탁구 결승전으로 돌아가봅시다. TV를 통해 전지희 선수와 신유빈 선수가 혼신을 다하여 결승전을 치르는 동안 코칭 벤치에 있는 오광헌 감독의 모습이 잠깐 잠깐 비쳐졌습니다. 오광헌 감독이 선수들을 독려하는 모습은 여느 다른 감독의 모습과는 달리 과묵하고 별다른 표정도 없이 게임만 응시하는 듯해 보였습니다. 북한 선수가 실수하여 대한민국 팀이 득점한 경우에는 묵묵한 표정으로 두세 번 정도 박수만 치는 모습만 보였습니다. 하지만 대한민국 팀이 자기 실력으로 상대 선수를 제압하여 득점하였을 경우 오 감독은 벤치에서 일어나 선수들에게 큰 박수를 보내줬습니다. 오광헌 감독의 리더십은 섬세하고 전략적이었습니다.

그는 상대의 실수로 인한 득점과 선수들의 실력을 통한 득점에 각각 다른 반응을 보이면서 선수들에게 자신의 능력으로 승리하길 바라는 메시지를 전달했습니다. 또한 타임아웃 시간에 비친 오 감독이 선수들과 논의하는 모습은 상당히 인상적이었습니다. 탁구에서 주어진 타임아웃 시간은 단 1분입니다. 장기판에서 구경꾼이 더 잘 보듯 경기를 관전하는 감독자로서 얼마나 많은 이야기를 하고 싶었을까요? 하지만 타임아웃 시간에 주로 대화를 나누는 사람은 감독이 아니라 전지희 선수와 신유빈 선수였습니다. 주어진 시간의 80% 정도를 감독이 아닌 선수들이 더 많은 의견을 내놓았습니다.

더욱이 TV를 통해 흘러나오는 선수들의 대화는 유쾌하기까지 하였습니다. 필자는 '그래도 아시안 게임인데 진지해야 하는 것 아니야?'라는 생각을 뒤집는 그들의 모습에 순간 당황하기도 했습니다. 그들의 대화에 응대하는 오광헌 감독의 모습도 인상적이었습니다. 그들의 대화를 귀담아듣고 맞장구도 쳐주고, 선수들이 대화를 나누면서 나온 전략에 대하여 강한 긍정의 동감을 표시하면서 "그래, 그렇게 하자!!!"라고 마무리를 짓는 것이었습니다.

필자는 오 감독으로부터 선수들의 대화를 존중하며 경청과 공감을 하는 코칭 리더십을 보았습니다. 오 감독의 프로필과 기사화된 내용을 요약하면 이렇습니다.

오 감독은 선수 시절에는 이렇다 할 두각을 보이지 않았습니다. 그 이후 지도자의 길을 걸으면서 리더로서의 괄목한 성과를 이뤘고, 슈쿠도쿠 대학을 일본 정상으로 이끌면서 주목받았습니다. 일본의 2016년 리우데자네이루 올림픽 단체전 동메달을 따고, 역시 같은 해에 세계선수권대회에서 준우승을 했습니다. 또한 세계주니어 선수권대회 우승 등에 기여하기도 했습니다. 오 감독은 2017년 귀국해 남자 실업팀인 보람 할렐루야를 이끌기도 했으며, 대한 탁구협회 유승민 회장의 부름을 받고 2023년 1월부터 여자 대표팀을 지휘해 왔습니다.

오 감독은 보람 할렐루야 팀에 부임하고 나서 그 팀을 실업팀 최강의 팀으로 만들었습니다. 오 감독의 선수 시절과 리더 시절은 상당히 다른 모습으로 보였습니다. 천부적으로 타고난 리더도 있지만, 리더 훈련을 통해 훌륭한 리더로 거듭난 리더도 있습니다.

이와 달리 팀 리더로서 불명예를 얻은 사례를 보겠습니다. '역대 최강의 멤버', '64년 만의 아시안컵 우승 예약' 등 화려한 조명을 받은 대한민국 축구 선수단은 2024년 2월 7일 아시안컵 4강전에서 요르단에 0-2로 완패하였습니다. 완패 이후 언론을 통해 접한 소식은 충격적이었습니다. 요르단과의 준결승 전날 저녁 식사 자리에서 축구 선수들 간의 다툼 소식이 2월 14일 뉴스에서 본격적으로 보도되기 시작하였습니다. 관련한 언론 보도를 요약하면 다음과 같습니다.

준결승전 패배도 선수들 탓, 무책임의 끝을 보여줬다는 내용의 기사가 다수입니다. 클린스만 감독은 카타르 아시안컵 준결승 패배의 원인을 손흥민, 이강인 같은 주전멤버 간의 갈등과 이로 인한 경기력 저하로 돌렸습니다. 대표팀의 결과에 책임을 져야 하는 감독임에도 그는 패배의 책임을 선수들에게 돌려 리더로서 무책임한 태도를 보여주었습니다. 그리고 2월 16일 대한축구협회에서는 부임한 지 1년도 되지 않은 클린스만 감독을 경기 운영, 선수 관리, 근무 태도 등에서의 미흡을 이유로 전격 경질하였습니다.

대한민국 탁구 대표팀에서 발휘된 시너지 효과, 그리고 축구 대표팀에서 보여진 링겔만 효과를 비교하면 팀 성과를 이끌어내는 핵심이 팀 리더에게 있음을 알 수 있습니다. 축구, 야구, 배구 등 다양한 개성이 모인 집단에서 더 큰 성과를 이루기 위해 구성된 '팀'과 그를 이끄는 '팀 리더'의 역할에 대해 이야기하자면 끝이 없습니다.

기업 현장에서도 마찬가지입니다. 결국 팀은 시너지를 창출하기 위해 탄생한 조직이며, 그렇기 때문에 팀 리더의 역할은 매우 중요합니다.

6 팀장의 고민:
— 확대된 팀, 증폭된 책임

필자는 퇴직한 이후에도 강남역 근처를 배회하다 보면 선배나 후배들을 쉽게 만나게 되니 회사 동료, 선배, 후배들과의 관계가 그리 나쁘지 않았던 것 같습니다. 어느 날, 후배 팀장과 소주 한잔 마시는 시간을 가졌습니다. 취기가 오르며 대화는 자연스레 깊어졌습니다. 그날의 대화 주제는 조직 변화로 인한 어려움이었습니다.

기업마다 조직의 형태는 다양하게 운영되기에 일반적인 용어로 설명하기 어려운 경우가 많습니다. 보통 5~7명의 팀원으로 구성된 소규모 팀을 '과' 단위 팀, 30명 수준의 팀원으로 구성된 팀을 '부' 단위 팀이라 부릅니다. 회사는 과감하게 '과' 단위 팀을 없애고 모든 팀을 '부' 단위로 조직을 전면 개편했습니다. 그 결과 조직 개편 전 100여 개의 '과' 단위 팀과 30여 개의 '부' 단위 팀이 조직 개편 후 60여 개의 '부' 단위 팀으로 재편되었습니다. '과' 단위 팀을 '부' 단위 팀으로 통합 재편한 경우 이를 일반적으로 대(大)팀이라고 부릅니다. 이러한 대팀 운영을 통해 예상되는 효과는 다음과 같습니다.

첫째, 기업 입장에서는 비용 절감이 가능합니다. 앞선 사례처럼 130여 개의 '과' 또는 '부' 팀장이 60여 개로 줄어들면서, 리더 70명이 실무자로 전환되고 이들에게 지급되던 관리직 비용이 절감됩니다.

둘째, 소규모 팀들 사이에 발생할 수 있는 이기주의를 극복하고 보이지 않는 벽을 제거할 수 있습니다.

셋째, 팀장에게 더 많은 권한이 집중되고 팀장의 책임감과 주인의식이 강화될 수 있습니다. 마지막으로, 임원의 운영 철학이 더욱 빠르게 전파될 수 있습니다.

물론 이런 조직 변화는 또 다른 어려움을 불러오기도 합니다. 예상되는 어려움을 보면 대팀제 팀장은 관리해야 할 인력이 많고 여러 가지 이슈를 모두 대응해야 하기에 깊이 있는 접근을 통한 해결책을 찾기가 쉽지 않을 수 있습니다. 그리고 팀장의 에너지가 소진되는 현상(번 아웃 Burn out)이 발생되어 대팀제 본연의 취지가 퇴색되는 경우가 발생될 수 있습니다.

후배 팀장과의 대화 주제로 다시 돌아가보겠습니다. 필자는 후배의 상사가 아니니 그저 후배의 어려움을 들어줄 뿐 그의 말에 대해 평가를 내릴 입장이 아니었습니다. 팀원이 5~7명일 때는 팀원 각자의 개인 사정을 자세히 알 수 있었으나 팀원 수가 갑자기 늘어나면서 각 팀원의 성향을 파악하고 그에 맞는 업무 지도를 하는 것이 어려워졌다고 합니다. 특히 팀원 개개인의 월 업무량이 대략 150건 정도인데 팀원이 5명일 때는 팀장이 관리해야 할 업무량이 총 750건이었지만, 대팀제 전환 후 팀원이 10명으로 증가되면서 팀장 관리 범위가 1,500건으로 두 배 증가했다는 것입니다. 일반적으로 실무자들이 처리하기 어려운 고객의 불만 사항은 팀장이 직접 응대해야하는데, 고객 응대 업무량도 급증하면서 이로 인한 피로도 또한 상당히 누적되었다고 합니다. 결국 인력 관리와 성과 관리를 담당하는 팀장의 실질적인 업무 부담이 기하급수적으로 증가되었다는 것이었습니다.

필자는 후배 팀장의 이러한 어려움을 듣고 곰곰이 생각하였습니다. 해당 임원은 대팀제를 도입함에 따라 예상되는 어려움을 사전에 고려하지 않았을까요? 분명 여러 가지 대안을 모색하였을 것입니다. 예를 들어 팀장의 업무 부담을 줄이기 위해 전산 자동화 등 전산 입력 작업에 소요되는 시간을 최소화하려는 노력을 했을 것입니다. 또한 더 많은 인센티브를 제공하기 위한 평가 보상 체계를 마련했을 것입니다. 당연히 대팀제를 실행하기 전에 조직 변화로 인한 초기 혼란을 최소화하기 위한 대책도 세웠을 것입니다.

필자는 후배 팀장에게 이러한 생각을 언급하지는 않았습니다. 이는 회사의 경영진이 담당해야 할 몫이고, 필자가 조직의 대책에 대하여 후배 팀장에게 이야기하는 것은 월권행위이며 회사 경영진이 경영을 하는 데 도움이 되지 않을 것이라는 생각이 들었기 때문입니다. 다만 필자는 후배 팀장이 헤쳐나가야 할 방법에 대하여 방향성 수준에서 조언하였습니다.

팀의 성과는 팀 코칭을 담당하는 팀장과 팀원의 지식, 기술, 태도에 달려있다고 볼 수 있습니다. 우선 팀장이 맡고 있는 대팀제 내부에 조직을 만들어 소팀제를 운영하는 방식은 많은 고민이 필요하다고 말했습니다. 그 이유는 경영진이 대팀제를 실행한 목적들 중의 하나가 경영진의 의도가 신속하게 전파되고 팀 내 팀원들 간 보이지 않는 벽을 제거하기 위함인데, 대팀 내부에 소팀을 만들게 되면 소팀을 맡게 되는 소위 소팀장은 관리자 역할을 수행하게 되어 대팀제 설립 취지와는 다르게 운영될 수 있다는 점입니다. 대팀의 어려움을 극복하기 위해서는 팀원들 각자의 역할을 명확히 해주고 각자의 책임감을 고취시키는 방법을 찾아보는 것과 팀원 육성에 집중하는 것이 필요함을 언급했습니다.

또한 팀장은 팀원들에게 대팀제로 전환됨에 따라 팀장이 팀원에게 좀 더 밀착하여 세밀하게 지원하기는 힘들 것이라는 점을 솔직하게 언급할 필요가 있다고 말했습니다. 팀원이 긍정적으로 이러한 상황을 받아들이는 태도를 가지게 만드는 것이 매우 중요합니다. 그리고 팀장은 과감하게 권한 이양을 해야 할 것입니다. 간혹 팀장이라는 존재감을 드러내기 위해 실무 업무를 직접 수행하거나 잔소리를 자주 하는 경우가 많습니다. 대팀제로 전환되면 팀원이 실무 업무를 책임질 수 있도록 하고 팀장이 실무 차원에서 잔소리하는 수도 최소화해야 할 것입니다.

다만 팀원들에게 역할을 분배하였음에도 그들의 손이 미치지 않는 곳은 항상 있습니다. 이러한 영역이 어디인지를 확인하고 사각지대는 팀장이 직접 조치를 취하여야 할 것입니다. 처음에는 팀장이 긴급하게 직접 조치하더라도 이후 시간을 두고 팀원들이 대응할 수 있도록 업무를 점차 이관하여야 할 것입니다. 마지막으로 케이스 스터디 시간을 만들어 팀원의 지식, 기술을 높이기 위한 방법도 찾아야 할 것입니다.

소팀제에서 대팀제로의 변화는 당사자들에게는 당연히 어려움이 생길 수 있습니다. 팀장은 대팀제로 전환되어 힘이 들다고 넋두리만 하기보다는, 우선 팀 내 자원을 최대한 활용하여 이를 극복할 수 있는 방안을 모색하는 것이 제일 중요합니다. 그리고 최대한 노력을 하였음에도 불구하고 해결이 되지 않을 경우에는 상급자와 진솔하게 논의하는 것이 필요합니다. 이때 대팀제에서 구체적으로 활동한 내용들을 언급하면서 대팀제가 더욱 많은 성과를 위해 필요한 지원책으로 무엇이 필요한지를 언급하면 상급자도 긍정적으로 고민을 할 것입니다. 지금까지 '그룹', '팀'이라는 용어의 차이점과 팀장이 얼마나 중요한지에 대하여 살펴보았습니다.

7
시니어 팀원과 함께 성장하기

    오래전 조직에서 시니어 팀원을 뒷방 늙은이처럼 홀대하는 모습을 보고 상당히 안타까운 마음을 가졌습니다. 그들이 지닌 소중한 경험과 지식은 단기간에 형성된 것이 아닙니다. 시니어 팀원을 효과적으로 관리하는 것은 팀의 성공과 조직 문화에 중대한 영향을 미칩니다. 이들은 방대한 경험과 지식을 바탕으로 팀 내에서 리더십 역할을 수행하기도 합니다. 따라서 그들의 경험을 존중하고 효과적으로 활용하는 것은 매우 중요합니다. 시니어 팀원을 관리하기 위해 고려할 수 있는 몇 가지 접근법을 소개하고자 합니다.

개인의 경험과 기여 인정◆

시니어 팀원의 경험과 과거 기여를 인정하고 존중하는 것이 중요합니다. 이는 그들이 가치 있고 중요한 팀의 일원임을 느끼게 하며, 긍정적인 관계를 구축하는 기반을 마련합니다.

리더십과 멘토링 역할 부여◆

시니어 팀원에게는 신입 팀원의 멘토링이나 특정 프로젝트의 리더로 활동하게 할 수 있습니다. 이를 통해 그들의 경험을 팀 내에서 효과적으로 활용할 수 있습니다.

정기적인 의사소통◆

시니어 팀원과 정기적으로 소통하며 그들의 의견과 아이디어를 경청하는 것이 중요합니다. 이는 그들이 의사결정 과정에 참여하고 있다고 느끼게 하며 팀 내에서 긍정적인 역할 모델이 되도록 합니다.

전문성 강화와 학습 기회◆

시니어 팀원도 지속적인 학습과 발전이 필요합니다. 최신 업계 트렌드, 기술, 관리 기법 등에 대한 교육 기회를 제공함으로써 그들의 전문성을 더욱 강화할 수 있습니다.

상호 존중을 바탕으로 한 피드백◆

시니어 팀원에게도 정기적인 피드백과 성과 평가가 필요합니다. 존중감을 가지고 대하되 솔직한 피드백이 중요합니다. 이 과정에서 상호 존중과 개선을 목표로 하는 접근 방식을 취하는 것이 중요합니다.

개인의 동기와 목표에 맞는 인센티브◆

시니어 팀원의 동기 부여를 위해 개인의 목표와 열정에 부합하는 인센티브와 보상 체계를 마련하는 것이 중요합니다. 이는 그들이 팀과 조직의 목표 달성에 계속해서 기여하도록 동기를 부여합니다.

시니어 팀원을 효과적으로 관리하는 것은 그들의 경험과 지식을 최대한 활용하고, 팀 전체의 성과를 향상시키는 데 큰 도움이 됩니다. 또한 이러한 접근 방식은 팀 내에서 긍정적인 조직 문화를 조성하고, 모든 팀원이 성장하고 발전할 수 있는 환경을 마련하는 데 기여합니다.

8
- 저성과 팀원을 위한 성장 지원 가이드

성과가 나오지 않는 팀원을 관리하는 것은 팀장의 중요한 책임 중 하나입니다. 이러한 상황을 효과적으로 다루기 위해서는 문제의 근본 원인을 파악하고, 개선을 위한 구체적인 조치를 취하는 것이 필요합니다. 다음은 이러한 상황에서 고려할 수 있는 방법입니다.

개인 면담을 통한 원인 분석

성과가 저하된 팀원과 개인 면담을 실시하여 그 원인을 파악합니다. 문제가 업무 이해도, 개인적인 문제, 동기 부족 또는 기타 외부적 요인에서 비롯되었는지 이해하는 것이 중요합니다. 개인 면담 시대화에 몰입할 수 있는 조용한 장소를 선정하는 것도 필요합니다.

구체적인 피드백 제공 ♦

성과가 낮은 구체적인 영역과 개선이 필요한 부분에 대해 명확하고 직접적인 피드백을 제공해야 합니다. 이때, 피드백은 "왜 그랬어?"라는 비판적이기보다는 "이렇게 하면 어떨까?"라는 건설적인 내용 중심으로 대화가 이뤄져야 합니다.

팀원과 함께 성과 개선 계획 수립 ♦

팀원과 함께 성과를 개선하기 위한 단기 및 중기 목표를 설정하고, 이를 달성하기 위한 구체적인 계획을 수립합니다. 이 과정에서 필요한 교육, 자원, 지원 등을 제공할 수 있습니다.

지속적인 지원과 진행 상황 점검 ♦

성과 개선 계획의 진행 상황을 정기적으로 점검하고 필요에 따라 추가적인 지원을 합니다. 이는 팀원이 계획에 따라 성장할 수 있도록 돕는 과정입니다.

긍정적인 동기 부여 ♦

작은 성과라도 인정하고 칭찬함으로써 팀원의 동기를 부여합니다. 저성과 팀원의 경우는 자존감 회복이 우선적일 수 있습니다. 성공적인 사례를 공유하고 긍정적인 피드백을 통해 자신감을 높일 수 있습니다.

명확한 기대치 설정◆

팀원이 업무에서 기대하는 바를 명확히 알고 이를 달성하기 위해 어떤 노력이 필요한지를 분명히 합니다.

마지막 수단으로 재배치 또는 조치 고려◆

상황이 개선되지 않는다면 팀원의 역량과 흥미가 더 잘 맞는 다른 역할이나 프로젝트로의 재배치를 고려할 수 있습니다. 최후의 수단으로 회사 정책에 따른 추가적인 인사 조치를 고려해야 할 수도 있습니다.

성과가 나오지 않는 팀원을 관리하는 과정에서는 인내심을 가지고 지속적인 지원과 격려가 필요합니다. 개선의 여지를 최대한 제공하여 팀원이 성공적으로 업무를 수행할 수 있도록 지원하는 것이 중요합니다.

팀장의 핵심 역량,
효과적인
성과 관리

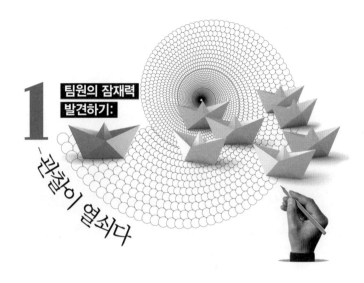

1 팀원의 잠재력 발견하기:
-관찰이 열쇠다

　팀원 성과 관리를 위한 중요한 첫걸음은 관찰입니다. 이 과정은 단순히 팀원들의 업무 성과를 점검하는 것을 넘어서 그들의 강점, 약점, 성향 및 열정을 이해하는 것을 의미합니다. 팀장으로서 팀원들의 진정한 잠재력을 발견하고 이를 최대한 활용하기 위해서는 먼저 그들을 깊이 있게 관찰하고 이해하여야 합니다.

관찰의 중요성◆

　관찰은 팀원 각자가 가진 독특한 가치와 기여를 인식하는 과정입니다. 이를 통해 팀장은 팀원들의 업무 스타일, 커뮤니케이션 방식,

그리고 동기 부여 요소를 파악할 수 있습니다. 이러한 이해는 팀장이 각 팀원에게 적합한 업무를 할당하고, 개인별로 맞춤화된 지원과 격려를 제공할 수 있는 기반을 마련합니다.

팀원의 강점 발견◆

제대로 된 관찰을 통해 팀원들의 강점을 발견하는 것은 팀 성과를 극대화하는 열쇠입니다. 각각의 팀원이 가진 장점과 특성을 이해하고 이를 팀의 목표 달성을 위해 활용함으로써 팀원들은 자신이 중요한 역할을 하고 있다는 것을 느끼게 됩니다. 이는 팀원들의 만족도와 동기 부여를 증가시키며, 결국 팀 전체의 성과 향상으로 이어집니다.

커뮤니케이션과 신뢰 구축◆

팀원들을 관찰하는 과정은 효과적인 커뮤니케이션과 신뢰 구축의 기반이 됩니다. 팀장이 팀원들의 의견을 경청하고 그들의 필요와 우려사항을 공감하게 되면, 팀원들은 자신이 소중히 여겨지고 있다고 느낍니다. 이러한 상호 신뢰는 팀 내에서 긍정적인 근무 환경을 조성하고, 팀원들이 서로 협력하고 지원하는 문화를 만드는 데 중요한 역할을 합니다.

지속적인 개발과 성장⬥

팀원들을 지속적으로 관찰하고 이해하는 것은 그들의 개발과 성장을 지원하는 데에도 중요합니다. 팀장은 팀원들의 커리어 목표와 개인적인 성장 목표를 고려하여, 그들이 필요로 하는 교육과 기회를 제공할 수 있습니다. 이는 팀원들이 자신의 역량을 계속해서 발전시키고, 장기적인 커리어 목표를 달성할 수 있도록 돕습니다.

팀장으로서 팀원을 제대로 관찰하는 것은 단순한 시작점을 넘어 팀의 성공을 이끄는 과정입니다. 깊은 관찰과 이해를 바탕으로 팀장은 각 팀원의 잠재력을 최대한 발휘할 수 있습니다. 아울러 팀 전체의 성과와 만족도를 향상시킬 수 있는 효과적인 전략을 수립할 수 있습니다.

2 소리 너머의 의미를 듣다:

─경청으로 팀을 변화시키기

도로시 딕스라는 미국의 저명한 저널리스트이자 칼럼니스트는 경청에 대하여 다음과 같이 언급하고 있습니다.

"대중에게 다가서는 지름길은 그들에게 혀를 내미는 것이 아니라 귀를 내미는 것이다. 내가 상대방에게 어떤 달콤한 말을 한다 해도 상대방 입장에서는 자기가 말하고 싶어 하는 얘기의 절반만큼도 흥미롭지가 않은 법이다."

경청이란 상대방의 말에 귀 기울이는 것을 의미합니다. '경(傾)'은 '기울이다', 즉 상대방의 말에 몸과 마음을 기울인다는 것을 의미합니다. '청(聽)'이라는 한자를 살펴보면, '귀(耳)', '왕(王)', '십(十)', '눈

(目)', '한(一)', '마음(心)'으로 이루어져 있습니다. 이는 상대방의 말을 들을 때 귀를 열고, 열 개의 눈으로 상대방의 눈을 바라보며, 왕을 대하듯 한마음을 다해 집중해야 함을 의미합니다. 이러한 경청을 통해 상대방이 마치 왕처럼 대접받는다고 느끼게 하는 것이 중요합니다.

경청이 중요한 이유는 상대방과의 원활한 소통과 신뢰를 형성하기 위한 첫걸음이기 때문입니다. 앞서 언급된 바와 같이 팀은 시너지를 발휘하기 위해 존재합니다. 이를 위해서는 자유로운 소통이 필수적입니다. 때로는 경청하는 과정에서 과거 반복된 시도에도 해결되지 않던 문제가 단 한 번에 개선되기도 합니다. 이 모든 과정의 시작점은 바로 경청에서 출발합니다. 경청은 단순히 상대방의 말을 듣는 것Listening 이상의 의미를 가집니다. 상대방의 말에 귀 기울이고 집중하여 듣는 행위Active Listening를 의미합니다.

팀장이 경청을 하게 되면 다음과 같은 효과가 나타나게 됩니다.

신뢰 구축◆

팀원들이 자신의 의견이 존중받고 있다고 느낄 때 그들은 더 개방적이고 솔직하게 자신의 생각과 아이디어를 공유할 준비가 됩니다. 이러한 환경은 팀 내에서 신뢰를 구축하는 데 매우 중요합니다. 신뢰는 팀워크의 핵심 요소이며, 팀원들이 서로 의지하고 협력할 수 있는 분위기를 조성합니다.

의사소통 향상✦

경청은 효과적인 의사소통의 기본이 됩니다. 팀장이 팀원들의 말에 귀를 기울이면 미묘한 의사소통의 문제나 오해를 조기에 발견하고 해결할 수 있습니다. 이는 불필요한 갈등을 예방하고, 팀원 간의 긍정적인 관계를 유지하는 데 중요합니다.

창의성과 혁신 촉진✦

경청은 창의성과 혁신을 촉진합니다. 다양한 배경과 경험을 가진 팀원들로부터 새로운 관점과 해결책을 얻을 수 있으며, 이는 팀의 문제 해결 능력과 경쟁력을 강화합니다.

개인 및 팀 성장 지원✦

팀장이 팀원들의 피드백과 제안을 경청함으로써 팀원들은 자신의 의견이 가치 있고 중요하다고 느낍니다. 이는 팀원들의 자신감을 높이고 개인적인 성장과 발전을 촉진합니다. 또한 이러한 접근 방식은 팀 전체의 성장과 발전에도 기여하여 조직의 목표 달성에 중요한 역할을 합니다. 팀장으로서 팀원의 말을 경청하는 것은 강력한 리더십의 표현입니다. 이는 팀원들이 소속감과 가치를 느끼게 하며 팀의 협력과 성과를 극대화하는 데 필수적입니다. 경청은 팀 내에서 신뢰, 존중, 그리고 개방적인 의사소통의 문화를 조성함으로써, 팀의 성공적인 기능을 보장하는 핵심 요소입니다.

3 팀장의 비밀 무기: - 효과적 경청의 비결

필자가 팀장으로 활동하며 체득한 경청의 다섯 가지 요령을 아래와 같이 소개합니다. 이 방법들은 여러분들에게 상당한 도움이 될 것입니다.

적극적으로 듣기 Active Listening◆

이는 말을 하는 사람에게 전적인 주의를 기울이는 것을 의미합니다. 눈을 마주치고 몸짓으로 관심을 표현하며 필요할 때는 요약하거나 질문을 통해 말하고 있는 내용을 이해하고 있음을 보여주는 행위를 포함합니다. 적극적으로 듣는다는 것은 자신의 말이 중요하게 여겨진다고 느끼게 만드는 것입니다.

판단 유보하기◆

경청하는 동안에는 자신의 판단이나 해석을 유보하는 것이 중요합니다. 상대방의 말을 끝까지 듣고 나서야 비로소 자신의 의견을 형성하고 반응해야 합니다. 미리 결론을 내리거나 판단하게 되면 그 과정에서 중요한 내용을 놓칠 수 있습니다.

반응 보여주기◆

대화 중에 상대방의 말에 공감하거나 이해했다는 신호를 보내는 것이 중요합니다. 이는 고개를 끄덕이거나, "네", "알겠습니다", "그렇군요"와 같은 간단한 단어를 사용하여 표현할 수 있습니다. 이런 반응은 대화 상대방에게 경청하고 있음을 확실히 알려줍니다.

중단하지 않기◆

상대방이 말하는 동안에는 중간에 끼어들지 않는 것이 중요합니다. 중단하면 상대방의 사고 과정을 방해하고, 중요한 정보 전달을 막을 수 있습니다. 대화의 흐름을 존중하고 상대방이 모든 생각과 감정을 표현할 수 있는 기회를 주시기 바랍니다.

몸짓과 비언어적 신호에 주의하기 ◆

경청은 단순히 말을 듣는 것만이 아니라, 몸짓, 표정, 그리고 다른 비언어적 신호들을 통해 전달되는 메시지를 이해하는 것도 포함합니다. 상대방의 비언어적 신호에 주의를 기울이면 말로 표현되지 않은 뉘앙스나 감정을 더 잘 이해할 수 있습니다.

팀장이 경청 관련 주의해야 할 점 하나를 추가로 말씀드리고자 합니다. 경청의 과정에서 얻은 개인적인 정보 또는 외부로 공유될 시 곤란해질 수 있는 내용들은 철저하게 비밀을 유지하여야 하는 점입니다. 팀원과 나눈 얘기 중 팀원이 비밀로 해달라고 요청한 사항은 무덤에까지 들고 갈 정도로, 외부로 공개하시면 안 됩니다. 팀장은 경청한 내용들 중 비밀 유지가 필요한 내용은 존중하고 보호해야 할 의무가 있으며, 이는 상호 신뢰와 존중의 토대 위에서 건강한 관계를 유지하는 데 필수적입니다.

리더의 질문:

4

-팀 동기 부여를 위한 열쇠

팀장으로서 성공적인 리더십을 발휘하기 위해선 팀원들에게 적절한 질문을 하는 능력이 매우 중요합니다. 적절한 질문은 팀원들로 하여금 자신들의 의견을 자유롭게 표현하게 하며 창의적인 아이디어를 촉진하고 팀 내 문제를 효과적으로 해결하는 데 필수적인 도구가 됩니다. 이를 통해 팀원들은 개인의 성장과 팀의 발전에 기여할 수 있습니다.

제대로 된 질문의 유형에는 다음과 같은 것들이 있습니다.

개방형 질문(또는 열린 질문) 사용하기◆

"어떻게 생각하십니까?" 또는 "이 문제를 해결하기 위한 아이디어가 있으신가요?"와 같은 개방형 질문은 팀원들이 더 깊이 생각하고 자신의 의견을 자세하게 공유할 수 있게 합니다. 필자는 개방형 질문이 매우 중요하다고 생각되기에 별도의 자리에서 사례를 통해 소개하겠습니다.

구체적이고 명확한 질문하기◆

질문은 팀원들이 의도를 정확히 이해할 수 있도록 구체적이고 명확해야 합니다. 이를 통해 팀원들은 더 효과적으로 응답할 수 있습니다. 모호한 질문의 사례는 다음과 같습니다. "다음 주에 회의할 수 있나요?" 이를 구체적이고 명확한 질문으로 바꿔본다면 다음과 같습니다. "다음 주 화요일 오후 2시에 새 프로젝트 논의를 위한 30분 회의를 진행할 수 있나요? 만약 안 된다면 가능한 다른 날짜와 시간을 제안해주실 수 있나요?"

가끔 개방형 질문과 구체적이고 명확한 질문의 사용 시점에 대하여 혼돈스러울 수도 있습니다. 아이디어 도출을 위해서는 개방형 질문이 효과적이고 업무 지시와 관련된 질문은 구체적이고 명확한 질문이 효과적입니다.

배려 깊은 질문하기✦

팀원들의 감정과 입장을 고려한 질문을 통해 그들이 존중받고 있다고 느끼게 할 수 있습니다. 이는 팀원들이 더 열린 마음으로 의견을 공유하도록 만듭니다. 예를 들어보면 다음과 같습니다. "이번 주 업무가 너무 많아 보이네요. 내가 도와줄 수 있는 부분이 있나요? 아니면 업무 우선순위를 조정해야 할 일이 있다면 알려주세요."

창의성을 자극하는 질문하기✦

"제약이 없다고 가정한다면 어떤 해결책을 제안하실 수 있을까요?"와 같은 질문은 팀원들로 하여금 창의적으로 생각하고 기존의 틀을 벗어난 아이디어를 제시하도록 독려합니다.

피드백을 요청하는 질문하기✦

팀장으로서 자신의 리더십 스타일이나 결정에 대한 팀원들의 피드백을 요청하는 것은 중요합니다. 이는 팀 내의 개방적인 의사소통을 촉진하고 지속적인 개선을 위한 기회를 제공합니다. 사례를 보면 다음과 같습니다.

"이번에 제가 작성한 보고서에 대해 구체적인 피드백을 받고 싶습니다. 특히 분석 부분이 명확하게 전달되었는지, 그리고 어떤 부분을 개선할 수 있을지 의견을 듣고 싶습니다."

이러한 질문 방법을 통해 팀장은 팀원들과의 의사소통을 강화하고 팀의 목표를 달성하기 위한 창의적이고 효과적인 방법을 모색할 수 있습니다.

소개한 질문 유형 중 개방형 질문의 사용은 팀원들이 자신들의 의견, 아이디어, 감정을 자유롭게 표현하도록 장려합니다. 또한 긍정적인 팀 문화를 조성하는 데 중요한 역할을 합니다. 반면 금지된 질문은 부정적인 결과를 초래할 수 있으며, 팀원들 사이의 신뢰와 소통을 저해할 수 있습니다. 필자는 개방형 질문 및 금지해야 할 질문 5가지 예시를 안내드리고자 합니다. 실제 팀 활동 중에서는 친근감의 표시로 이렇게 존칭어를 쓰지 않을 수도 있습니다. 이 질문들을 팀 현실에 맞게 잘 활용하시면 많은 도움이 될 것입니다.

개방형 질문 5가지

개방형 질문은 팀원의 생각, 감정, 아이디어를 깊이 있게 찾아보고, 그들로 하여금 자유롭게 의견을 표현하도록 독려하는 데 상당히 유용합니다.

"이 프로젝트를 진행하면서 당신이 가장 중요하게 생각하는 목표는 무엇인가요?"
팀원의 우선순위와 목표에 대한 이해를 돕습니다.

"이번 도전을 극복하기 위해 우리가 시도해볼 수 있는 다양한 방법에는 어떤 것들이 있을까요?"

창의적인 해결책과 아이디어를 자극합니다.

"이 어려움을 개선함에 따른 당신이 생각하는 이상적인 결과는 무
엇인가요?"

팀원의 기대와 목표를 명확히 합니다.

"우리 팀의 작업 과정에서 가장 가치 있다고 생각하는 부분은 무
엇이며, 왜 그렇게 생각하나요?"

팀원의 가치관과 팀에 대한 인식을 이해합니다.

"이번 프로젝트에서 배운 교훈을 통해 앞으로 어떤 변화를 도입하
고 싶나요?"

지속적인 개선과 학습을 장려합니다.

금지된 질문 5가지◆

의사소통에서 특히 팀 환경 내에서 금지해야 할 질문은 팀원들의
자신감을 손상시키거나, 부정적인 분위기를 조성할 수 있는 그런 질
문들입니다.

"왜 항상 마감일을 지키지 못하나요?"

비난의 의미를 담고 있어 대화의 문을 닫을 수 있습니다.

"다른 사람은 할 수 있는데 왜 당신은 못 하나요?"

비교를 하게 되어 자존감을 떨어뜨리고 방어적인 태도를 유발할 수 있습니다.

"이 일을 제대로 할 자신이 있나요?"

불신을 표현하며 팀원의 불안감을 증가시킬 수 있습니다.

"그 문제를 아직도 해결 못 했나요?"

진행 상황에 대한 불만족을 표현하며, 압박감을 줄 수 있습니다.

"왜 항상 그렇게 생각하나요?"

팀원의 의견이나 관점을 무시하는 것처럼 느껴질 수 있습니다.

팀장이 제대로 된 질문을 하는 것은 팀 성공을 위해 필수적입니다. 이는 팀원들의 참여를 촉진하고, 창의적인 아이디어를 이끌어내며, 팀 내의 문제를 효과적으로 해결하는 데 중요한 역할을 합니다. 팀장이 효과적인 질문 기술을 익힘으로써 팀은 더욱 단결되고, 생산적이며 혁신적인 방향으로 나아갈 수 있습니다.

5

성공적인 팀 관리를 위한 3대 핵심 요소

팀 성과 관리는 조직의 목표 달성에 있어 핵심적인 역할을 합니다. 효과적인 성과 관리 시스템을 구축하기 위해선 명확한 목표 설정, 구체적이고 정기적인 피드백 제공, 그리고 공정한 평가 및 보상 체계가 필수적입니다. 이러한 요소들은 팀의 동기 부여, 성과 향상, 그리고 장기적인 목표 달성에 중요한 역할을 합니다.

명확한 목표 설정◆

팀의 성공을 위해선 각 팀원이 추구해야 할 명확한 목표가 설정되어야 합니다. 목표 설정은 다음의 SMART 조건을 충족해야 합니다.

① **구체성**Specific : 목표는 명확하고 이해하기 쉬워야 합니다. 팀원 각자가 무엇을 달성해야 하는지 명확히 알 수 있어야 합니다.

② **측정 가능성**Measurable : 진행 상황을 추적하고 평가할 수 있도록 목표는 측정 가능해야 합니다.

③ **달성 가능성**Achievable : 목표는 도전적이면서도 팀원들이 실제로 달성할 수 있는 수준이어야 합니다.

④ **관련성**Relevant : 설정된 목표는 조직의 전반적인 목표와 연관되어 있어야 하며 팀과 개인의 성장을 지원해야 합니다.

⑤ **시간 제한**Time-bound : 목표 달성을 위한 명확한 시간 계획이 설정되어야 합니다. 이를 통해 팀원들은 주어진 기간 내에 목표를 달성하기 위한 계획을 수립할 수 있습니다.

구체적인 피드백 Feed Back ◆

성과 관리의 또 다른 핵심 요소는 피드백입니다. 피드백은 정기 또는 수시로 구분하여 일정을 수립하되 팀원들과 1:1 미팅을 통해 구체적으로 피드백을 하는 것이 효과적입니다. 이를 통해 자신의 성과를 이해하고 필요한 개선 사항을 파악할 수 있도록 합니다.

① **일대일 미팅**: 팀원들과의 정기적인 미팅을 통해 진행 상황을 점검하고 개인별 성과에 대해 논의합니다. 이는 문제를 조기에 발견하고 해결할 수 있는 기회를 제공합니다.

② **피드백 시점**: 업무의 성격에 따라 피드백은 수시 또는 정기적으로 구분될 수 있습니다. 평가 관련 피드백은 정기적으로 실시하되 업무 관련 피드백은 수시로 실시함이 좋습니다. 이는 팀원들이 자신의 행동을 신속하게 조정하고 성과를 향상시키는 데 도움이 됩니다.

공정한 평가 및 보상 체계 ✦

팀원들의 노력과 성과를 정확하게 평가하고, 이에 따라 공정하게 보상하는 체계를 구축하는 것은 매우 중요합니다. 이를 위해 다음과 같은 원칙을 따라야 합니다.

① **성과 기반 평가**: 팀원들의 성과는 객관적이고 공정한 기준에 따라 평가되어야 합니다. 이는 팀원들이 자신의 노력이 인정받고 보상될 것이라는 신뢰를 구축합니다.
② **다양한 보상 방법**: 보상은 금전적 보상뿐만 아니라 유연한 근무 시간, 전문적인 발전 기회 등 다양한 형태로 제공될 수 있습니다. 이는 팀원들의 다양한 욕구와 기대를 충족시키는 데 도움이 됩니다.

이 세 가지 핵심 요소가 선순환 사이클을 돌게 되면 팀 성과 관리의 효과적인 구현을 위해 상호 작용하게 됩니다. 또한 팀원들의 동기 부여, 성과 향상 및 조직의 전반적인 성공을 지원하게 됩니다.

다음 장에는 팀원 성과관리를 위한 3가지 핵심 요소에 대하여 각 요소별 사례를 통해 살펴보도록 하겠습니다.

6
—팀 목표 달성을 위한 팀장의 스마트 전략

　팀원에 대한 목표 설정은 조직 내에서 개인의 성장, 팀의 성과 향
상, 그리고 조직의 전략적 방향성 달성에 필수적인 역할을 합니다.
목표를 설정하는 방법은 앞서 설명한 SMART 원칙을 적용하여 팀
원과 협의하여 설정하는 것이 중요합니다. 이제부터 목표 부여 관련
현실적인 얘기를 하여 보겠습니다.

　대부분의 회사는 일방적으로 목표를 설정하고 상위 조직을 통해
팀에게 전달되는 경우가 많습니다. 이러한 경우 팀장으로서는 팀원
들이 이러한 목표를 효과적으로 수용하고 달성할 수 있도록 지원하
는 데 중점을 둬야 합니다. 팀장이 회사의 일방적인 목표에 대하여

불만을 표시하거나 거부감을 나타낼 경우 팀원 모두 마음이 흔들리게 됩니다. '어렵지만 이를 극복할 수 있는 방법을 찾아보자'라는 마음이 중요합니다. 팀장의 역할은 상위 조직과 팀원들 사이의 다리 역할을 하여 상위의 결정과 팀원들의 이해 및 동기 부여 사이의 균형을 맞추는 것입니다. 다음은 이 상황에서 팀장이 취할 수 있는 방법입니다.

목표 이해 및 분석♦

① **목표 분석**: 상위에서 내려온 목표를 철저히 이해하고 분석합니다. 목표가 조직의 전략과 어떻게 연결되는지, 그리고 팀에게 미치는 영향을 파악합니다.

② **실현 가능성 평가**: 목표가 팀에게 현실적이고 달성 가능한지 평가합니다. 아무리 노력을 해도 달성할 수 없는 목표라고 한다면 구체적인 분석 내용을 첨부하여 상위 관리자에게 목표 조정을 정중하게 요청할 수 있습니다.

목표의 의미와 중요성 설명하기♦

① **목적 연결**: 목표가 조직의 더 큰 목적과 어떻게 연결되는지 팀원들에게 설명합니다. 팀원들이 그들의 업무가 조직 전체의 성공에 어떻게 기여하는지 이해할 수 있도록 합니다.

② **가치 강조**: 목표 달성이 팀원, 팀, 그리고 조직에 어떤 긍정적인

영향을 미칠지 강조합니다. 이는 팀원들이 목표에 대한 개인적인 가치를 인식하도록 돕습니다.

투명성과 소통 강화⬥

① **열린 소통 촉진**: 팀원들이 자신의 의견, 우려사항, 제안을 자유롭게 표현할 수 있는 환경을 조성합니다. 이는 팀원들이 목표에 대해 더 잘 이해하고 수용할 수 있도록 합니다.

② **질문과 피드백 촉진**: 팀원들이 질문을 하고 우려사항을 표현할 수 있는 기회를 제공합니다. 이는 목표에 대한 이해를 깊게 하고 팀원들의 참여를 증진시킵니다.

③ **피드백 활용**: 팀원들로부터 수집한 피드백을 목표 달성 전략에 반영합니다. 필요하다면 상위 관리자와의 추가적인 협의를 통해 목표를 조정할 수도 있습니다.

개인의 역할과 기여 방법 명확히 하기⬥

① **개인별 역할 설명**: 각 팀원의 역할과 이 목표 달성 과정에서의 그들의 기여 방법을 구체적으로 설명합니다. 이는 팀원들이 자신의 업무가 중요하다고 느끼게 하며, 개인적인 책임감을 증진시킵니다.

② **성장 기회 강조**: 목표 달성 과정에서 팀원들이 얻을 수 있는 성장과 학습의 기회를 강조합니다. 이는 동기를 부여하고, 개인적인 발전을 향한 열정을 불러일으킵니다.

지원과 자원의 제공 약속♦

① **지원 체계 설명**: 팀원들이 목표를 달성하는 데 필요한 지원과 지원을 제공할 것임을 명확히 합니다. 이는 팀원들이 도전적인 목표에 대해 자신감을 갖도록 돕습니다.

② **성공을 위한 계획 공유**: 목표 달성을 위한 구체적인 계획과 전략을 공유하며 팀원들이 계획의 일부로서 어떻게 기여할 수 있는지 설명합니다.

성공 사례 및 모범 사례 공유♦

과거에 비슷한 목표를 성공적으로 달성한 사례를 공유합니다. 이는 팀원들에게 영감을 주고, 가능성을 보여줍니다. 또한 효과적인 목표 달성을 위한 모범 사례와 전략을 공유합니다. 이는 팀원들이 자신의 업무 접근 방식을 조정하는 데 도움이 됩니다.

이러한 방법들은 팀원들이 상위에서 내려온 목표를 합리적으로 수용하고, 목표에 대한 개인적인 책임감을 느끼게 합니다. 또한 동기 부여를 받아 성공적으로 목표를 달성할 수 있도록 돕습니다. 중요한 것은 목표가 단순히 상위에서 내려오는 지시가 아니라 조직의 성공을 향한 공동의 노력이라는 인식을 팀원들에게 심어주는 것입니다.

7
— 구체적인 피드백의 파워와
실제 사례

구체적이고도 정기적인 피드백 제공은 팀원의 성장과 성과 개선에 매우 중요한 역할을 합니다. 피드백은 개인의 업무 성과를 평가하고, 강점을 강화하며, 개선이 필요한 영역에 대한 지원을 제공하는 기회를 마련합니다. 다음은 정기적인 피드백 제공과 관련된 구체적인 사례입니다.

구체적인 피드백의 중요성 ◆

① **개선점 명확화:** 팀원에게 자신의 행동이나 성과에 대해 구체적으로 알려주면, 무엇이 잘되고 있는지, 무엇을 개선해야 하는

지를 정확하게 알 수 있습니다.

② **동기 부여**: 긍정적이고 구체적인 피드백은 개인의 동기를 부여하며 이는 더 높은 성과로 이어질 수 있습니다.

③ **개인의 성장과 발전**: 구체적인 피드백은 개인이 자신의 강점과 약점을 인식하게 하여 자기 발전을 위한 구체적인 계획을 수립할 수 있게 도와줍니다.

피드백 관련 국내외 사례✦

① **삼성전자**: 삼성전자는 연간 성과관리 프로세스에서 구체적이고 정기적인 피드백을 강조합니다. 예를 들어, 프로젝트 마감 후 팀원 각자에게 그들의 기여도와 성과에 대한 구체적인 피드백을 제공하며 이를 통해 개인과 팀의 발전 방향을 모색합니다.

② **네이버**: 네이버는 직원 개개인의 역량 개발과 성장을 위해 '360도 피드백' 시스템을 활용합니다. 동료, 상사, 하위 직원으로부터 다양한 관점의 피드백을 수집하고, 이를 통해 개인이 자신의 성과를 객관적으로 평가할 수 있도록 합니다. 이 과정에서 구체적인 사례와 함께 제공되는 피드백은 개인의 성장에 큰 도움이 됩니다. 참고로 '360도 피드백' 시스템은 현재 대부분의 기업들이 활용하고 있습니다.

③ **구글**: 구글은 'OKR^Objectives and Key Results' 시스템을 사용하여 목표 설정과 성과 관리를 합니다. 이 시스템은 구체적이고 측정

가능한 목표를 설정하고, 정기적인 피드백 세션을 통해 개인과 팀의 진행 상황을 검토합니다. 구글은 이러한 과정에서 구체적이고 건설적인 피드백을 중시하며, 이를 통해 지속적인 개선을 도모합니다.

④ **마이크로소프트**Microsoft: 마이크로소프트는 '커넥트Connect'라는 프로그램을 통해 직원의 성과관리를 진행합니다. 이는 직원들이 연중 언제든지 성과 피드백을 받고 목표를 조정할 수 있도록 함으로써 지속적인 성장과 개발을 촉진합니다.

이 사례에서 볼 수 있듯이 피드백 제공은 팀원의 성과를 더욱 효과적으로 관리하고 개선하는 데 필수적인 과정입니다. 특히 구체적인 피드백은 팀원이 자신의 성과를 객관적으로 이해하고 자신의 역량을 발전시킬 수 있는 방향을 찾도록 돕습니다. 동시에 팀원과 팀장 사이의 신뢰를 구축하고, 긍정적인 업무 환경을 조성하는 데도 기여합니다.

8 _팀원에 대한 성과 평가와 보상의 실제

조직의 성공을 위해서는 팀원들의 성과를 정확하게 평가하고 적절한 보상을 제공하는 것이 매우 중요합니다. 이러한 과정은 팀원들의 동기부여를 증진시키며, 결국 조직 전체의 생산성을 높이는 데 기여합니다. 많은 연구에 따르면, 투명하고 공정한 성과평가 및 보상 체계는 팀원들의 만족도를 높이고, 조직에 대한 충성도를 강화한다고 합니다.

성과 평가는 개인의 성장과 조직의 목표를 달성하기 위한 교량 역할을 합니다. 이 과정을 통해 개인의 강점과 약점을 파악하고, 이를 바탕으로 개인 맞춤형의 발전 계획을 수립할 수 있습니다. 예를 들어 LG전자는 팀원 개개인의 성과뿐만 아니라 팀워크와 협력을 중시하는 평가 체계를 도입하여 조직 내 혁신을 촉진하고 있습니다. 이와 대조적으로 구글은 앞서 소개한 OKR 방식을 활용하여 개인의 목표와 조직의 목표를 연결하고, 이를 통해 직원들의 성과를 평가하고 있습니다. 이러한 방식은 명확한 목표 설정과 성과 측정을 가능하게 하여 조직의 목표 달성에 기여합니다.

보상 시스템의 효율성은 팀원들의 성과를 인정하고 추가적인 노력을 독려하는 데 중요한 역할을 합니다. 적절한 보상은 직원들의 만족도를 높이며 이는 장기적으로 조직에 대한 충성도와 생산성을 증가시킵니다. 삼성전자는 성과에 기반한 보상 체계를 통해 우수한 직원들을 격려하며 전사적인 성과 향상을 도모하고 있습니다. 세일즈포스Salesforce는 기업들이 고객 관계 관리CRM을 개선하는 데 도움이 되는 클라우드 기반 소프트웨어를 제공하는 미국 기업입니다. 이회사는 직원 개개인의 성과와 기여도를 고려하여 맞춤형 보상을 제공함으로써 직원들 사이에 높은 만족도와 우수한 조직 문화를 구축하고 있습니다.

팀원들에 대한 성과 평가와 적절한 보상은 조직의 성공을 위해 필수적입니다. 투명하고 공정한 평가 및 보상 체계를 구축함으로써, 팀원들의 동기부여를 증진시키고, 이는 조직의 성장과 발전에 크게 기여할 수 있습니다. 팀원들이 자신의 노력이 인정받고 적절히 보상받는다고 느낄 때, 그들의 만족도와 함께 조직 전체의 생산성이 자연스럽게 향상됩니다.

구글의 OKR 방식을 좀 더 깊게 살펴보도록 하겠습니다. OKR은 목표 중심적이며 측정 가능한 방식으로 개인과 팀, 그리고 회사 전체의 목표를 일치시키는 데 중점을 둔 평가 시스템입니다. 이 시스템은 목표 달성 과정에서의 노력과 기여도를 중요시하며, 모든 직원이 회사의 크고 작은 목표들을 투명하게 공유하고 열람할 수 있도록 하고 있습니다.

OKR 방식의 핵심 요소

① **목표**Objectives: 달성하고자 하는 질적 목표를 명확하게 정의합니다. 예를 들어 "새로운 AI 알고리즘 개발"과 같은 목표가 될 수 있습니다.

② **핵심 결과**Key Results: 목표 달성 여부를 측정 가능한 수치로 나타냅니다. 예를 들면 "정확도 95% 이상 달성" 또는 "학술 논문 3편 이상 발표" 등이 있습니다.

③ **평가 주기**: OKR은 분기별로 설정되고 평가됩니다. 일반적으로 연간 2회의 주기적인 검토가 이루어집니다.

④ **투명성**: 모든 직원이 회사, 팀, 개인의 OKR을 열람하고 공유할 수 있도록 하여 투명성을 확보하고 있습니다.

⑤ **역량 강화**: 목표 달성 과정에서 직원들의 자율성과 역량 강화를 지원합니다.

Google OKR 방식의 특징♦

① **도전적인 목표 설정**: 달성 가능성이 70% 정도인 도전적인 목표를 설정하여 혁신을 유도합니다.

② **측정 가능한 결과**: 목표 달성 여부를 명확한 지표를 통해 객관적으로 평가합니다.

③ **주기적인 평가 및 개선**: 분기별로 목표를 재조정하고 개선하며 지속적인 성장을 도모합니다.

④ **투명성과 공유 문화**: 조직 내 협업과 시너지 창출을 위한 정보 공유를 강조합니다.

⑤ **역량 강화와 피드백**: 목표 달성 과정에서 직원들의 성장을 지원합니다.

OKR 방식의 장단점♦

장점으로는 명확한 목표 설정, 측정 가능한 결과를 통한 공정하고 투명한 성과 관리가 가능합니다. 또한 지속적인 피드백과 개선을 통한 성과 향상, 조직 내 협업과 시너지 창출, 직원들의 역량 강화와 성장 지원 등이 있습니다.

단점으로는 OKR 설정 및 관리에 시간과 노력이 많이 소요됩니다. 객관적인 평가 기준 설정의 어려움, 목표 달성에 대한 과도한 경쟁 심화, 잘못된 목표 설정 시 부정적 영향 등이 있습니다.

성공 사례✦

새로운 AI 알고리즘 개발: OKR을 통해 성공적으로 새로운 AI 알고리즘 개발 목표를 설정하고 달성했습니다.

① **혁신적인 제품 출시:** 팀의 목표를 일치시키고 집중력을 높여 혁신적인 제품을 성공적으로 출시했습니다.

② **직원들의 역량 강화:** 목표 달성 과정에서 직원들의 성장을 지원했습니다. 구글의 OKR 방식은 성과를 향상시키는 효과적인 방법으로, 명확한 목표 설정, 측정 가능한 결과, 주기적인 평가 및 개선이 가능하였습니다. 높은 투명성, 공유 문화 그리고 역량 강화와 성장을 통해 조직 내에서 긍정적인 결과를 도출할 수 있었습니다.

9
성공적인 팀 운영을 위한 팀장의 7가지 덕목

바람직한 팀장은 팀의 성공을 이끄는 핵심 인물로서 다양한 역량과 자질을 갖추어야 합니다. 이러한 팀장은 팀원들의 성장과 발전을 지원하고 팀의 목표 달성을 위해 필요한 환경을 조성하는 역할을 맡습니다. 팀장으로서 업무를 수행하는 것은 결코 쉬운 일이 아닙니다. 여러분과 팀원이 함께 성장하기 위해 바람직한 팀장에게 요구되는 중요한 특성과 역할을 다음과 같이 소개합니다.

비전과 방향 제시♦

팀장은 조직의 목표와 일치하는 명확한 비전과 방향을 설정하고 이를 팀원들과 공유합니다. 팀원들이 공통의 목표를 향해 나아갈 수 있도록 동기를 부여합니다. 하지만 이를 위해 너무 건조한 모습을 팀원에게 보이지 않아주셨으면 합니다. 부드러운 모습으로도 충분히 팀의 비전과 방향을 제시할 수 있습니다.

의사소통 능력◆

팀원들과 개방적이고 투명한 의사소통을 유지하여 정보를 공유합니다. 독점적인 정보는 위험합니다. 팀원들의 의견을 경청하고 적절한 피드백을 제공하는 것이 중요합니다.

리더십과 영감◆

바람직한 팀장은 강력한 리더십으로 팀원들에게 영감을 주고 도전에 맞서 싸울 수 있는 용기와 자신감을 부여합니다. 팀원들이 자신의 역량을 최대한 발휘할 수 있도록 격려합니다.

갈등 해결◆

팀 내에서 발생할 수 있는 갈등을 신속하고 공정하게 해결할 수 있는 능력을 가지고 있습니다. 다양한 관점을 이해하고 합의에 도달하기 위한 중재자 역할을 합니다.

결정력과 책임감◆

필요한 결정을 신속하게 내리고 이를 실행에 옮길 수 있는 결정력을 가집니다. 동시에 결정과 결과에 대한 책임감을 지니고 이를 팀원들에게도 분명히 합니다.

팀원의 역량 개발과 지원◆

팀원들의 개인적인 성장과 전문성 개발을 지원합니다. 교육 기회 제공, 멘토링, 경력 개발 계획 등을 통해 팀원들이 자신의 잠재력을 최대한 발휘할 수 있도록 돕습니다.

유연성과 적응성◆

시장이나 조직 내 변화에 빠르게 적응하고 이에 따른 전략 조정을 할 수 있는 유연성을 지닙니다. 변화를 기회로 삼고 팀을 새로운 상황에 맞게 이끕니다.

바람직한 팀장은 이러한 특성과 역할을 통해 팀의 동기 부여, 성과 향상, 그리고 조직 내에서의 긍정적인 문화 조성에 기여합니다. 팀원들과의 신뢰를 바탕으로, 공동의 목표 달성을 위해 함께 노력하는 리더입니다.

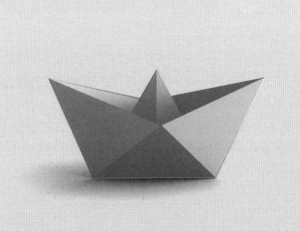

모든 조직에는 해결해야 할 문제가 있습니다. 팀장이 이러한 문제들을 객관적으로 인식하고 해결 방안을 어떻게 마련하느냐에 따라 팀의 성과가 크게 달라질 수 있습니다. 이번 장에서는 문제를 인식하는 방법부터 해결 방안을 마련하는 과정까지 필자가 제안하는 로드맵을 상세히 설명하려 합니다. 이 로드맵은 세 가지 주요 단계로 이루어져 있습니다. 첫 번째는 문제를 식별하는 단계, 두 번째는 문제의 근본 원인을 파악하는 단계, 마지막으로는 해결책을 찾아 실행에 옮기는 단계입니다. 이 장을 통해 팀장들은 조직 내에 있는 다양한 문제를 효과적으로 해결할 수 있는 능력을 갖추게 될 것입니다.

제 2 장

문제
해결

문제
탐색하기

1
_팀 문제 해결을 위한
효과적인 방법론

팀 문제 해결에 있어 효과적인 방법론으로 6시그마 방법론을 소개합니다. 이 방법론은 문제 해결을 위한 체계적인 로드맵을 제시합니다. 많은 분들이 6시그마 내용 중의 하나인 통계 관련 내용에 부담을 느껴 접근을 주저하곤 합니다. 이는 제조업에서 차용되어 시작된 것이 일부 부정적인 인식을 낳았다고 생각됩니다. 사실 6시그마는 더욱 포괄적인 내용을 담고 있습니다.

필자도 삼성에서 6시그마 활동을 1년 정도 하고 나서야 어느 정도 흐름을 알게 되었습니다. 이후 필자가 6시그마에서 근무한 3년 반이라는 기간은 20년이 훌쩍 넘긴 지금도 여전히 필자를 활발하게 활동하게 한 자양분이 되고 있습니다. 이제 6시그마 문제 해결 방법론에 대하여 살펴보겠습니다.

6시그마는 '6시그마'와 '식스시그마'로 표기가 혼용되며 사용되고 있습니다. 공공기관에서는 주로 한글 표기인 '식스시그마'를 사용하고, 기업에서는 '6시그마' 또는 '6sigma'로 표기합니다. 이 방법론은 계속 발전하고 있지만 주로 두 가지 방법론이 활용됩니다. 하나는 문제 해결을 위한 DMAIC 방법론이고 다른 하나는 처음부터 문제가 발생하지 않도록 설계하는 DMADOV 방법론입니다. 예를 들어, 이미 지어진 주택의 문제를 해결하려면 DMAIC 방법론을 처음부터 잘 짓고자 한다면 DMADOV 방법론을 활용합니다. DMADOV는 정의Define, 측정Measure, 분석Analyze, 디자인Design, 최적화Optimize, 검증Verify을 의미하는 단어별의 머리글로 이루어진 줄임말입니다. 필자는 DMAIC 방법론을 중점적으로 소개하고자 합니다. 이 방법은 아래와 같이 2021년 공인노무사 시험에서도 출제된 바 있습니다.

120. 식스시그마의 성공적 수행을 위한 5단계 활동으로 옳은 순서는?

① 계획 → 분석 → 측정 → 개선 → 평가

② 계획 → 분석 → 측정 → 평가 → 개선

③ 계획 → 측정 → 평가 → 통제 → 개선

④ 정의 → 측정 → 분석 → 개선 → 통제

⑤ 정의 → 측정 → 평가 → 통제 → 개선

DMAIC 방법론 단계는 다음과 같습니다.

정의Define ➜ **측정**Measure ➜ **분석**Analyze ➜ **개선**Improve ➜ **통제**Control

정의 단계에서는 문제가 무엇인지를 확인하는 단계입니다. 정의 단계에서 문제를 제대로 확인하여 시행착오를 최소화하는 단계라고 보면 됩니다. 사실 현장에서는 문제가 뭔지도 제대로 모르고 개선 작업을 하는 경우가 많습니다.

측정 단계입니다. "측정이 안 되면 개선이 안 된다."라는 명제에서 출발한 측정 단계는 비제조업 분야에 종사하는 분들이 어려움을 겪는 단계이기도 합니다. 비제조업에서는 측정을 못하는 대상들이 많다고 불만을 표시하는 활동가들도 있습니다. 하지만 좀 더 깊이 생각하면 어느 대상이든 측정은 가능합니다. 인터넷 마케팅을 예로 들어봅시다. '각종 인터넷 채널별 투입된 광고비가 얼마인지?' '그 채널별로 회사로 문의한 건수는 얼마나 되는지?' '문의 대비 실제 매출로 이어진 건은 어느 정도인지?' '그러한 고객의 유형은 어떠한지?' 등이 측정 가능할 것입니다. 이러한 측정을 통해 향후 개선 방안을 도출할 수 있을 것입니다.

분석 단계는 측정 단계에서 수집된 각종 데이터들을 가지고 진정한 문제의 원인이 뭔지를 찾아가는 단계입니다. 문제의 원인을 발견하는데 경험적, 직관적으로 그 원인을 찾아볼 수도 있지만 6시그마를 방법론을 통해 좀 더 객관적으로 문제의 원인을 발굴할 수도 있습니다.

개선 단계는 집단지성을 발휘하여 개선방안을 도출하는 단계입니다. 이 단계에서는 6시그마 활동 참가자들이 최대한 많은 아이디어를 도출하고 그 아이디어의 실행 가능성을 검토한 뒤 개선방안을 수립하는 단계라고 보면 됩니다.

마지막 통제 단계는 이렇게 수립된 개선방안이 실행이 된 후 수정 보완 할 사항은 없는지 지속적으로 모니터링하는 단계라고 할 수 있습니다. 통제 단계에서 또 수정 보완할 사항이 생기면 다시 정의 단계로 넘어가는 순환구조를 가지게 됩니다.

필자는 기존의 5단계 접근법을 3단계로 축약하여 소개하고자 합니다. 이 3단계 접근법을 기억하고 활용하면 팀에서 발생하는 대부분의 문제를 해결할 수 있다고 확신합니다. 이 방법은 필자가 6시그마 활동 기간 동안 40여 개의 프로젝트를 수행하면서 얻은 경험에서 찾아냈습니다. 누구나 이 방법을 쉽게 배울 수 있으며 지속적으로 연습하면 상당한 수준의 문제 해결 능력을 갖출 수 있다고 강조하고 싶습니다.

첫 번째 단계는 문제를 정확히 식별하는 것입니다. 두 번째 단계는 해당 문제의 원인을 찾아내는 과정이며, 마지막 단계는 효과적인 개선 방안을 도출하는 것입니다. 참으로 쉽습니다. 이 과정은 의사가 환자를 진료하는 과정과 유사합니다. 의사는 환자를 진료할 경우 환자의 어디가 문제인지를 다양한 검사 방법을 통해 확인합니다. 문제를 발견하면 그 문제의 원인을 찾아내고, 마지막으로 최선의 처방을 제시합니다.

팀 문제를 해결하는 방법도 이와 같은 원리를 따르고 있습니다. 진정한 문제를 찾아내는 것이 해결 과정의 시작입니다. 이제부터 소개할 단계별 방법론을 자세히 살펴보고, 이를 활용해볼 것을 꼭 권합니다. 처음에는 이 방법론이 어색할 수도 있지만 이를 활용하는 횟수가 증가함에 따라 자신도 모르는 사이에 큰 성장이 되었음을 알 수 있을 것입니다.

2 문제 해결의 첫걸음:

─문제의 본질 파악하기

훌륭한 의사가 되기 위한 조건에 대해서는 일반적으로 치료 기술의 우수성이 중요하다는 데 큰 이견이 없을 것입니다. 하지만 이보다 앞서 의사는 환자가 겪고 있는 문제가 질병인지 아닌지를 판별하고, 질병이라면 그 질병이 구체적으로 무엇인지를 정확히 진단할 수 있는 능력을 갖추어야 할 것입니다. 병이 없음에도 불구하고 병이 있다고 잘못 진단하는 경우 반대로 실제로 병이 있음에도 불구하고 병이 없다고 진단하여 환자를 심각한 상태로 몰고 가는 경우도 있습니다.

이러한 진단 오류를 최소화하기 위해 의사들은 다양한 방법을 사용합니다. 환자가 통증을 호소하며 병원에 내원했을 때, 의사는 가장 먼저 환자에게 어디가 어떻게 아픈지를 묻는 문진부터 시작합니다. 이어서 환자의 눈, 손, 귀 등 외관을 세심하게 살펴보는 시진을 진행하며 손이나 망치 같은 도구를 활용해 무릎 반사 등을 확인하는 촉진을 실시합니다. 더 나아가 이러한 기본적인 검사 외에도 정밀 기계를 활용한 객관적인 검사를 통해 환자의 상태를 좀 더 정밀하게 파악하게 됩니다. 이와 같이 여러 단계에 걸친 진단 과정을 통해 의사는 환자의 병명을 정확하게 확인하고 이를 바탕으로 적절한 치료 방안을 결정하게 됩니다.

문제에 직면했을 때 문제의 존재 여부를 확인하고 정확한 위치를 파악하는 것이 매우 중요하다는 점에 대해서는 이견이 없을 것입니다. 처음부터 잘못된 판단을 하게 되면 그 오류를 수정하기 위해 많은 노력과 시간이 소요되기 때문입니다. 이러한 원칙은 조직 내에서도 마찬가지로 적용됩니다. 필자는 조직에서 경험하면서 가장 어려웠던 부분이 이것이었습니다.

"팀원들 간 현상과 문제를 바라보는 시각의 차이를 어떻게 객관화할 것인가?"

예를 들어 일부 팀원은 실제로 조직 내에 큰 문제가 없음에도 불구하고 문제가 있는 것처럼 위기를 조성하여 다른 팀원들을 위축시키는 경우가 있었습니다. 반대로 일부 초긍정적인 팀원은 실제로 문제가 존재함에도 불구하고 그 문제를 인식하지 못하여 문제를 더욱 악화시키는 경우도 있었습니다. 이러한 상황에서 팀장의 역할은 현실을 정확하게 판단하는 것이었는데, 이를 제대로 하지 못할 경우 조직은 잘못된 방향으로 나아갈 위험이 커집니다.

문제가 있는 영역에 집중해서 문제를 해결해야 하는데 문제가 없는 영역에 자원을 집중하면서 문제를 해결하려고 하니 효율이 저하되는 경우도 종종 발생했습니다. 그렇다면 팀장은 문제의 존재 여부를 어떻게 판단할 수 있을까요? 직감이나 본능에 의존하여 문제 여부를 판단할 수도 있습니다. 하지만, 직감에 의존한 판단은 오류를 범할 가능성이 높습니다.

직감에 의존하는 방법 외에도 문제를 발견하고 해결하는 데 다양한 방법이 존재합니다. 우선 숫자를 활용해 문제를 발견하는 방식이 있습니다. 직관과 경험에 의존하여 문제를 파악하는 것도 중요한 가치를 지닙니다. 성공한 많은 경영자들이 자신들의 직관과 경험을 활용하여 성공적인 결정을 내린 사례가 많이 있습니다. 이는 숫자나 데이터만으로는 파악하기 어려운 여러 상황에서 효과적인 판단을 내리는 데 크게 도움이 됩니다. 하지만 직관과 경험에는 장점만큼이나 단점도 존재합니다. 이러한 단점을 극복하고 좀 더 객관적으로 문제를 발견하기 위한 기법으로 로직 트리Logic Tree와 프로세스 매핑 Process Mapping 기법을 강력하게 추천합니다. 이 기법은 현장에서 상당히 유용하게 사용될 수 있습니다.

3 로직 트리:
‑문제 발견의 과학적 접근법

로직 트리는 '논리logic'와 '나무tree'의 합성어입니다. 로직 트리는 어떤 주제나 문제를 나뭇가지처럼 세분화하여 정리할 때 사용되는 도구라고 보면 됩니다. 로직 트리 방식은 나무의 굵은 가지를 세부적으로 나누어가며 잔가지와 잎사귀에 이르기까지 설명해 나가는 것과 유사합니다. 이를 통해 현재 상황을 보다 명확하게 조망하고 문제를 자연스럽게 식별할 수 있습니다.

세계적으로 유명한 컨설팅 회사인 맥킨지에서는 이 로직 트리를 문제 해결, 의사 결정, 분석과 같은 다양한 영역에서 활용하고 있습니다. 이러한 배경은 로직 트리가 단순히 이론적인 도구를 넘어 실제 업무 현장에서 효과적인 결과를 도출할 수 있는 검증된 방법론임을 알 수 있습니다. 로직 트리 개념을 처음 접하는 분들, 특히 팀장들은 이 용어가 낯설게 느껴질 수 있습니다. 하지만 이 방법은 실제로 매우 이해하기 쉬우며 접근성이 높습니다. 필자는 팀 활동 시 팀원들에게 용어를 이해하기 쉽도록 '로직 트리'라는 용어보다는 '가지치기', '인수 분해하기'와 같은 용어를 사용하였습니다.

로직 트리의 적용 순서는 다음과 같습니다. 첫 번째 단계는 문제를 정의하는 것입니다. 이때, 해결하고자 하는 문제나 달성하려는 목표를 명확하게 정의해야 합니다. 두 번째 단계에서는 문제나 목표를 주요 범주나 요소로 분류합니다. 세 번째 단계에서는 각 주요 범주를 더 작은 요소로 세분화하여 하위 분류를 생성합니다. 이 과정은 문제의 모든 측면을 충분히 다룰 때까지 계속됩니다. 마지막 단계에서는 생성된 각 하위 요소를 분석하고 해당 문제에 대한 해결책을 찾아냅니다. 이와 같이 로직 트리가 문제만 발굴하는 기법은 아닙니다. 로직 트리를 습득하고 다른 기법과 혼용을 하면 문제 발굴부터 개선안까지도 도출할 수 있습니다. 이 장에서는 1단계부터 3단계까지 문제 발굴에 중점을 두고 소개하고자 합니다.

로직 트리를 사용하는 것은 다음과 같은 장점이 있습니다. 첫째, 복잡한 문제를 체계적으로 분해하여 관리 가능한 단위로 만드는 체계적 접근 방법을 제공합니다. 둘째, 문제의 근본적인 원인이나 해결책에 대한 명확한 통찰력을 제공합니다. 셋째, 팀원들과 함께 문제를 분석하고 해결책을 찾는 과정에서 팀워크를 촉진합니다. 마지막으로, 가능한 옵션들을 명확하게 비교하고 평가하여 근거에 기반한 의사결정을 지원합니다.

로직 트리는 기업에서만 활용할 수 있는 것이 아닙니다. 학문적으로 또는 실생활에서도 로직 트리가 활용되고 있습니다. 린네의 생물분류체계가 좋은 예시입니다. 린네의 생물분류체계는 로직 트리 방식을 이용한 것이라 볼 수 있습니다. 이 방식을 이용하면 생물에 대한 분류가 체계적으로 이뤄지게 됩니다. 즉 유사한 생물들 중심으로 그룹핑이 가능하게 됩니다. 이렇게 되면 생물들의 문제점을 좀 더 정확하고 객관적으로 확인할 수 있게 됩니다. 그리고 각 그룹별로 연구, 치료 또는 배양하는 방식을 좀 더 정밀하게 할 수 있게 됩니다.

회사에서 로직 트리를 활용하는 경우, 그 적용 사례는 매우 다양합니다. 예를 들어 여러분이 고객만족팀의 팀장이라고 가정해봅시다. 이 경우 로직 트리를 활용하여 고객 만족도 하락에 대하여 체계적으로 분류하고 파악하는 작업을 수행할 수 있습니다. 이 과정을 통해 어떤 영역에서 문제가 발생했는지를 정확하게 확인할 수 있게 됩니다.

첫 단계에서는 고객 만족도 하락의 원인을 크게 세 가지 주요 영역으로 나눌 수 있을 것입니다. 이는 제품의 품질 문제, 고객 서비스의 문제, 그리고 가격 경쟁력의 문제 등입니다. 더 세부적인 분석을 위해 각 주요 범주 내에서 다양한 하위 영역을 찾아볼 수 있습니다. 예를 들어 제품 품질과 관련하여 제품의 결함률, 제품의 기능적 측면 등에 문제가 없는지를 확인할 수 있습니다. 고객 서비스의 경우에는 응답 시간, 해결책의 적절성 등을 확인할 수 있습니다. 또한 가격 경쟁력과 관련해서는 경쟁사 대비 가격의 합리성, 적절한 할인 프로그램 등을 고려해볼 수 있습니다.

각 단계별로 질문을 세분화하고 그에 따른 답변을 찾아가는 과정은 문제를 체계적으로 파악하고, 해결책을 도출하는 데 크게 도움이 됩니다. 로직 트리를 통한 이런 접근 방식은 문제를 깊이 있게 이해하고, 효과적인 해결책을 마련하는 데 필수적입니다. 이 과정을 통해 고객 만족도를 향상시키기 위한 구체적인 조치들을 계획하고 실행할 수 있는 기반을 마련할 수 있습니다.

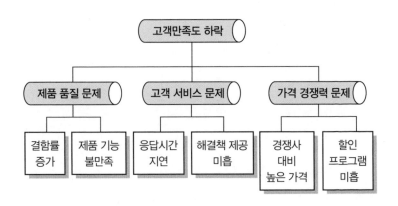

로직 트리는 문제를 발견할 수 있을 뿐만 아니라 문제를 해결하는 강력한 도구이기도 합니다. 팀 내 어려움이 있으신가요? 바로 펜과 백지를 들고 문제를 로직 트리로 그려 보기 바랍니다. 처음에는 어색할 수 있지만 점점 익숙해지면서 거시적인 안목과 미시적인 안목을 갖추게 될 것입니다. 이를 통해 더 정확하고 객관적인 개선안을 도출할 수 있습니다.

중요한 팁을 드리자면 로직 트리를 작성할 때는 중복 업무나 누락 업무를 최소화해야 합니다. 이를 위해 MECE(미씨) 방식이 활용됩니다. 여러분은 로직 트리를 그릴 때 MECE 방식으로 로직 트리를 그려야 합니다. MECE는 Mutually Exclusive and Collectively Exhaustive의 약자입니다. 즉 상호 간에는 배제하면서도 전체를 포괄한다는 의미입니다. 이를 통해 로직 트리를 그려보면 문제를 체계적으로 분석하고 해결할 수 있습니다.

MECE 방식의 예를 유형별로 그려보면 다음과 같습니다.

1유형: 중복은 없지만 누락이 있는 형태입니다. (ME이나 CE는 아님)

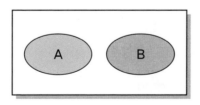

2유형: 누락은 없지만 중복이 있는 형태입니다. (CE이나 ME는 아님)

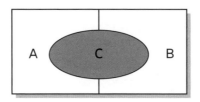

3유형: 중복과 누락 모두 있는 형태입니다. (ME와 CE 모두 아님)

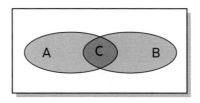

4유형: 가장 이상적인 형태로 중복과 누락이 없습니다. (MECE 형태)

A	B
C	D

　팀장 또는 팀장을 꿈꾸는 분들은 현상 분석 시 MECE 방법을 활용하여 로직 트리를 만들어보기 바랍니다. 이 과정을 통해 여러분은 점차 능력 있는 팀장이 될 것입니다.

4 프로세스 매핑:
업무 속 숨은 문제 발견하기

　문제 발견의 다른 강력한 방법으로 프로세스 매핑을 추천합니다.
이 기법은 조직의 업무 프로세스를 시각적으로 표현하는 방식입니
다. 업무의 흐름, 각 단계에서 수행되는 작업, 그 작업을 담당하는 사
람이나 부서를 명확하게 파악할 수 있습니다. 프로세스 매핑은 프로
세스의 효율성 분석과 문제점 발견에 크게 도움을 줍니다. 프로세스
매핑은 특정 업무 프로세스를 단계별로 나누어 각 단계의 입력과 출
력, 관련 작업, 결정 포인트, 그리고 업무 흐름 등을 도식화합니다.
이를 통해 프로세스 전체를 이해하고, 문제를 발견할 수 있으며 비
효율적인 부분을 즉시 개선할 수 있는 영역도 발굴할 수 있습니다.

프로세스 매핑의 장점은 몇 가지로 요약할 수 있습니다. 첫째, 업무의 투명성을 높일 수 있다는 것입니다. 프로세스 매핑을 통해 업무 프로세스를 명확하고 이해하기 쉬운 형태로 표현할 수 있습니다. 이는 조직 내 업무의 투명성을 강화하고 모든 직원이 전체 프로세스를 이해하는 데 도움을 줍니다. 둘째, 문제 식별이 용이하다는 점입니다. 프로세스의 각 단계를 시각적으로 표현함으로써 병목 현상, 불필요한 단계, 비효율적인 작업 흐름 등의 문제점을 쉽게 식별할 수 있습니다. 셋째, 프로세스 개선이 가능하다는 것입니다. 문제점을 명확히 식별한 후에는 프로세스를 개선하고 최적화하기 위한 구체적인 방안을 수립할 수 있습니다. 이는 업무의 효율성과 생산성 향상에 기여합니다. 마지막으로, 조직 내부 소통 방식이 개선될 수 있습니다. 프로세스 매핑을 통해 도식화된 그림은 조직 내외부 커뮤니케이션 도구로 활용될 수 있으며, 새로운 직원 교육, 업무 지시, 협업 과정에서의 참조 자료 등으로 사용될 수 있습니다.

프로세스 매핑 시 유의해야 할 점들은 다음과 같습니다. 첫째, 업무 흐름과 각 단계의 작업을 정확하게 파악하고 표현해야 합니다. 잘못된 정보나 누락은 분석 오류로 이어질 수 있습니다. 둘째, 과도한 세분화는 프로세스 맵을 복잡하게 만들고 이해를 어렵게 할 수 있습니다. 핵심 정보를 중심으로 표현하는 것이 중요합니다. 마지막으로, 조직의 프로세스가 지속적으로 변화함에 따라 프로세스 맵의 정기적인 검토와 업데이트가 필요합니다.

이제 펜을 들고 여러분의 조직에서 일어나는 현상을 순서대로 적어보시기 바랍니다. 예를 들어, 인사팀에서 진행하는 채용 프로세스에는 채용 공고, 서류 접수, 서류 선별, 면접 과정, 최종 선발 등의 단계가 포함됩니다. 시작점과 끝점을 동그라미로 표시하고, 각 단계를 네모 박스로 나타내며, 화살표로 연결하면 프로세스 매핑이 완성됩니다. 이를 세부적으로 분해해보면, 분명히 개선이 필요한 영역을 찾을 수 있을 것입니다.

다음 그림은 필자가 팀장으로 활동하면서 실제로 작성한 프로세스 매핑 자료의 일부입니다. (보안상의 이유로 일부 항목을 마스킹 처리하였습니다.)

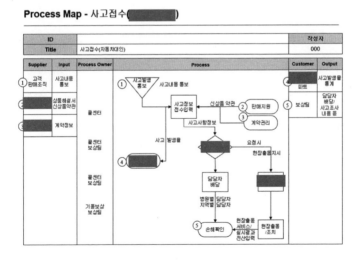

이렇게 그려보면 어느 부분이 중요한 영역인지, 어떤 부분이 가치가 낮은 영역인지 확인할 수 있을 것입니다. 확인된 영역에서 가치의 높고 낮음에 따라 인력을 재배치하거나 프로세스를 변경할 수 있습니다. 또한, 변경된 프로세스에 맞춰 전산 시스템의 개선 작업도 병행될 수 있습니다. 일선에서 활동하는 팀장들도 이를 충분히 활용할 수 있습니다. 앞서 유의할 점을 다시 말씀드리면 프로세스 매핑을 할 때는 현상을 있는 그대로 정확히 그려야 합니다. 처음부터 바라는 이상향을 그릴 경우 올바른 개선점을 찾기 어려울 것입니다.

5. 논리의 숲에서 과정의 지도를 만나다: 로직 트리와 프로세스 매핑의 조화

여러분이 로직 트리와 프로세스 매핑을 익숙하게 사용하게 되면, 팀 내에 산재한 문제들을 어렵지 않게 발굴할 수 있게 될 것입니다. 하지만 로직 트리와 프로세스 매핑 두 가지 방법론을 익히면서 어딘가 1% 부족한 듯한 느낌이 들지 않으셨나요? 로직 트리는 논리성을 중심으로 한 분류이며 프로세스 매핑은 흐름도 중심의 문제 발굴 방법이기 때문에 각각은 장·단점이 있습니다. 따라서 대상의 유형에 따라 상황에 맞는 방법론을 적용해야 합니다.

만약 여러분이 이 두 가지 방법론을 함께 사용할 수 있지 않을까 고민하였다면, 이미 문제 발굴의 고수로 볼 수 있습니다. 로직 트리와 프로세스 매핑을 결합해 사용하는 것입니다. 필자는 이를 논리의 숲인 로직 트리와 과정의 지도인 프로세스 매핑이 만나는 것으로 설명하고 싶습니다. 아래 도표는 필자가 '사회복지 프로그램 활용'이라는 프로그램에서 문제를 발굴하기 위해 로직 트리와 프로세스 매핑을 모두 활용하는 사례로 간단하게 작성한 것입니다.

Logic Tree 분석	대상 \ 절차	선정기준 수립	대상자 선정	프로그램 적용	피드백
	유아기	현상 및 문제 1	현상 및 문제 7	현상 및 문제 13	현상 및 문제 19
	소아기	현상 및 문제 2	현상 및 문제 8	현상 및 문제 14	현상 및 문제 20
	청소년기	현상 및 문제 3	현상 및 문제 9	현상 및 문제 15	현상 및 문제 21
	청년기	현상 및 문제 4	현상 및 문제 10	현상 및 문제 16	현상 및 문제 22
	장년기	현상 및 문제 5	현상 및 문제 11	현상 및 문제 17	현상 및 문제 23
	노년기	현상 및 문제 6	현상 및 문제 12	현상 및 문제 18	현상 및 문제 24

Process 분석

위와 같은 방식을 기업에도 적용할 수 있습니다. 예를 들어 영업 팀장으로 발령받았다고 가정하겠습니다. 로직 트리와 프로세스 매핑을 어떻게 통합하여 문제를 발굴할 수 있을까요? 종으로는 로직 트리를 활용해 대상 상품을 체계적으로 정리하고 횡으로는 각 프로세스를 그려낸 후 팀원들과의 대화나 관찰을 통해 현재의 문제점을 발굴해 나가는 방식입니다. 이 방법을 좀 더 세분화하면 더 많은 문제점, 즉 개선 기회를 찾을 수 있습니다. 이 단계에서 바로 개선할

수 있는 안이 나오면 즉시 개선하고 좀 더 고민이 필요한 경우에는
개선안 단계에서 구체적인 개선안을 도출하면 됩니다.

대상 \ 절차	영업기회 발굴	영업기회 평가	제품/서비스 설명	계약체결
상품1	현상 및 문제 1	현상 및 문제 5	현상 및 문제 9	현상 및 문제 13
상품2	현상 및 문제 2	현상 및 문제 6	현상 및 문제 10	현상 및 문제 14
상품3	현상 및 문제 3	현상 및 문제 7	현상 및 문제 11	현상 및 문제 15
상품4	현상 및 문제 4	현상 및 문제 8	현상 및 문제 12	현상 및 문제 16

Logic Tree 분석

Process 분석

이제 로직 트리와 프로세스 분석 방법론이 도움이 되셨나요? 모
든 것을 완벽하게 이해하지 않으셔도 좋습니다. 하지만 필자가 팀장
으로 활동하며 사용한 방법 중 이처럼 강력한 방법론을 찾기는 어
려웠습니다. 물론 위 두 가지 방법론 외 팀 경영에서 문제를 찾아가
는 다른 방법론들도 많습니다. 팀장 후보 과정이나 경영학 수업에
서 'SWOT 분석'이나 'BCG 매트릭스' 같은 개념을 배운 기억이 있을
것입니다. 이러한 방법들 모두 X축과 Y축을 활용하는 방법들입니
다. 이에 대해서는 별도로 소개할 예정입니다. 실제로 일선 팀장에
게 SWOT 분석이나 BCG 매트릭스 분석이 활용되는 경우는 상당히
드뭅니다. 로직 트리와 프로세스 매핑을 체득하는 것만으로도 충분
할 것이라 확신합니다.

6 _VOC와 VOB로 밝혀내는 문제 해결의 시작점

문제 발견을 위한 일반적이면서도 손쉬운 방법이 있습니다. 이야기를 듣는 것입니다. 그게 바로 VOC와 VOB입니다. VOC(Voice of the Customer, 고객의 목소리)와 VOB(Voice of the Business, 비즈니스의 목소리)는 조직이 중요한 문제를 발굴하고 해결책을 모색하는 데 중요한 정보원입니다. 이 두 개념을 통해 문제를 발굴하는 방법은 조직의 서비스나 제품 개선, 고객 만족도 향상, 운영 효율성 증대와 같은 다양한 목표에 도움을 줄 수 있습니다.

그럼 VOC부터 살펴보겠습니다. VOC는 고객의 기대, 선호, 필요, 불만 등 고객이 제품이나 서비스에 대해 가지고 있는 의견과 요구사항을 의미합니다. VOC를 통해 문제를 발견하는 방법은 다음과 같습니다. 첫째, 고객에게 설문조사를 시행함으로써 문제를 발견할 수 있습니다. 이를 위해 온라인 설문, 전화 인터뷰, 직접 만남을 통해 고객의 의견을 수집할 수 있습니다. 둘째, 소셜 미디어 분석을 통해 수집할 수 있습니다. 소셜 미디어에서 고객이 남긴 리뷰, 코멘트, 피드백을 분석하여 문제점을 파악할 수 있습니다. 셋째, 고객 서비스 로그를 분석함으로써 문제를 발견할 수 있습니다. 고객 서비스 팀이 기록한 고객의 문의와 불만 사항을 분석하여 반복되는 문제를 식별할 수 있습니다. 마지막으로 직접 관찰입니다. 사용자 경험 연구UX Research, User Experience Research를 통해 고객이 제품이나 서비스를 사용하는 과정을 관찰하고 문제를 발굴할 수 있습니다.

VOB는 비즈니스의 목표, 전략, 성과 지표와 관련된 내부적인 요구사항과 기대를 의미합니다. 문제 발굴 방법은 다음과 같습니다. 첫째, 성과 지표 분석을 통해서 확인할 수 있습니다. 매출, 이익률, 시장 점유율과 같은 성과 지표를 분석하여 비즈니스 목표 달성에 영향을 미치는 문제를 발굴할 수 있습니다. 둘째, 내부 프로세스 검토입니다. 이는 필자가 앞서 소개한 프로세스 매핑과 동일한 방법입니다. 셋째, 직원 피드백입니다. 직원들로부터 받은 피드백과 제안을 통해 조직 내 문제점을 파악합니다. 마지막으로 경쟁사 분석입니다. 경쟁사와의 비교를 통해 자사의 약점이나 개선이 필요한 영역을 발견할 수 있습니다.

VOC와 VOB는 이해관계자가 다르기에 상충될 수도 있습니다. 그러하기에 정확한 문제를 발굴하기 위해서는 통합적으로 접근할 필요가 있습니다. 고객의 요구사항과 비즈니스의 목표 사이의 균형을 찾기 위해 VOC와 VOB 정보를 함께 분석하는 것이 필요합니다. 이를 통해 고객 만족도를 높이면서도 비즈니스의 성장과 수익성을 도모할 수 있는 전략을 수립할 수 있습니다. 또한 팀장은 문제 발굴을 하는 과정에서 수집된 정보와 발굴된 문제들 중에서 가장 중요하고 긴급한 문제에 우선순위를 두고 해결 방안을 모색하는 것이 필요합니다. 아울러 VOC와 VOB 정보는 지속적으로 변화하기 때문에 정기적으로 데이터를 수집하고 분석하여 새로운 문제를 발굴하고 기존의 해결책을 재평가하는 과정이 필요합니다.

아래 내용은 SK텔레콤이 VOC 및 VOB 통합 분석을 통해 업무 개선을 진행한 사례입니다. 다음은 그 과정의 요약입니다.

문제 상황 파악◆

SK텔레콤은 고객센터 전화 접속 시간이 길고, 상담 직원들의 전문성 부족, 고객 불만 처리 시스템의 미흡함 등으로 인해 고객 만족도 저하와 시장 점유율 감소의 위험에 맞닥뜨렸습니다.

VOC 및 VOB 수집 방법◆

① **고객 만족도 조사**: 고객센터 서비스 만족도를 조사하기 위해 설문조사를 실시했습니다.

② **SNS 분석**: 트위터, 페이스북 등에서 관련 키워드 검색을 통해 고객 반응을 분석했습니다.

③ **고객센터 상담 직원 인터뷰**: 직접 고객 불만을 접하는 상담 직원들로부터 VOB를 수집했습니다.

문제점 발굴◆

① **전화 접속 시간 지연**: 고객들이 고객센터 연결을 기다리는 시간이 길다는 문제가 있었습니다.

② **상담 직원의 전문성 부족**: 고객 문제 해결에 실패하는 경우가 종종 발생했습니다.

③ **고객 불만 처리 시스템의 미흡**: 고객 불만이 충분히 해결되지 않는 문제가 있었습니다.

개선 방안 도출 및 실행◆

① **고객센터 인력 보강**: 상담 직원 수를 늘려 전화 접속 대기 시간을 줄였습니다.

② **상담 직원 교육 강화**: 전문성 향상을 위한 교육 프로그램을 실시했습니다.

③ **고객 불만 처리 시스템 개선**: 신속하고 정확한 고객 불만 처리를 위해 시스템을 개선했습니다.

이 사례는 VOC와 VOB를 통합하여 실질적인 문제점을 파악하고 개선 방안을 성공적으로 시행한 사례로 볼 수 있습니다.

VOC와 VOB를 통한 문제 발굴은 조직이 고객 중심적이면서도 비즈니스 목표를 달성할 수 있는 전략을 수립하는 데 중요한 역할을 합니다. 이러한 접근 방식은 고객의 요구와 비즈니스의 요구를 모두 만족시키는 지속 가능한 성장을 추구하는 데 기여할 수 있습니다.

7

문제 발견 기법의 확장

필자는 문제 발견을 위한 주요 기법으로 로직 트리, 프로세스 매핑, VOC, VOB를 소개하였습니다. 이 기법들을 통해 팀장들은 현재 직면한 문제들을 충분히 진단할 수 있습니다. 그러나 마케팅이나 기획 업무를 담당하는 팀장들은 좀 더 다양한 방법론을 활용해 현상을 파악하고 문제를 발굴할 필요가 있습니다. 여기에는 PEST^{Political,} ^{Economic, Social, Technological}, 5 Force(경쟁구도 분석), 3C^{Customer, Company,} ^{Competitor} 분석 등이 포함됩니다. 이러한 분석 방법론들은 현장에서 활동하는 팀장님들에게는 적합하지 않을 수 있습니다. 관심이 없는 팀장들은 이러한 분석 방법론들은 넘기셔도 됩니다. 필자는 이들 방법론 중에서 BCG 매트릭스와 SWOT 분석을 소개하고자 합니다.

우선 BCG 매트릭스는 보스턴 컨설팅 그룹^{Boston Consulting Group}이 개발한 전략 평가 도구로, '시장 점유율'^{Market Share}과 '사업의 성장률'^{Growth Rate}을 고려하여 기업의 사업 전략을 결정하는 데 도움을 줍니다. 예를 들어, 소속된 회사의 사업부나 상품이 시장 점유율은 높지만 성장률은 낮을 경우, 이는 현금 창출이 많은 캐시카우^{Cash Cow}로 분류됩니다. BCG 매트릭스는 이 두 가지 주요 요소를 바탕으로 기업의 사업 부문을 '스타'^{Star}, 캐시카우, '물음표'^{Question Marks}, '도그'^{Dog} 사업으로 구분합니다.

마케팅 업무를 담당하는 팀장의 경우 현재 다루고 있는 상품이 어느 영역에 속하는지 파악한 후 시장 침투, 시장 개발, 제품 혁신, 소비자 커뮤니케이션 및 홍보 활동 전략을 차별적으로 운영할 수가 있습니다. 예를 들어 시장 점유율과 시장 성장률 모두 낮은 도그 사업인 경우 해당 사업의 지속, 중단, 축소 또는 매각 여부에 대한 고민이 필요합니다. 주변에서 어떤 기업이 생산하는 상품이 단종되거나 생산량이 감소하는 경우 그 이면에는 BCG 매트릭스를 활용한 판단이 있지 않았을까 생각해볼 수 있습니다.

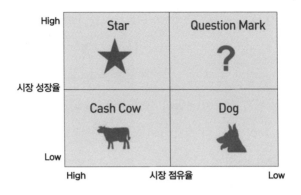

SWOT 분석은 강점Strength, 약점Weakness, 기회Opportunity, 위협Threat 의 첫 글자를 모아 만든 용어로, 경영 전략을 수립하기 위한 분석 도구입니다. 내부적인 면을 분석하는 강점과 약점 분석, 외부 환경을 분석하는 기회와 위협 분석으로 구분됩니다. 강점과 기회는 긍정적인 면을 약점과 위협은 부정적인 면을 나타냅니다. 일반적으로 X, Y축을 활용한 2차원 사분면으로 각각의 사항을 사분면에 배치하여 연관된 사항들을 우선순위에 따라 기록합니다. 이 방법을 통해 현재 상태를 객관적으로 진단하고, 외부 환경을 어떻게 활용하여 경쟁력 있는 상품이나 사업부를 구축할 수 있을지 고민할 수 있습니다. 관심 있는 팀장인 경우 소속된 회사나 운영 중인 상품에 대해 BCG 매트릭스와 SWOT 분석을 직접 수행해보는 것을 추천합니다. 직접 해보면 회사, 사업부, 상품을 큰 시각에서 조망할 수 있는 능력이 향상될 것입니다.

이상으로 문제를 발견하는 다양한 기법과 사례를 소개했습니다. 문제 발굴을 위한 기법에 대해 이런 질문을 하시는 팀장들이 계십니다.

"로직 트리, 프로세스 매핑, VOC, VOB 기법들이 문제를 발굴하는 데만 사용되나요?"

해당 기법들은 문제 발굴뿐만 아니라 문제의 원인을 찾고, 개선안을 도출하는 데에도 충분히 활용될 수 있습니다. 다만, 문제 발굴에 좀 더 적합하기 때문에 문제 발굴 편에서 소개하였을 뿐입니다. 이 기법들을 직접 활용해보기 바랍니다. 매우 유용한 도구가 될 것입니다.

원인 파악하기

1 문제의
근원을 찾아서:
_원인 발굴의 중요성과 기법들

문제 해결 과정에서 중요한 단계 중 하나는 문제의 원인을 정확히 파악하는 것입니다. 문제의 원인을 정확히 모르면, 해결책을 찾는 것은 거의 불가능합니다. 잘못된 해결책을 적용하여 오히려 문제를 악화시킬 수도 있습니다. 필자는 이 글을 통해 문제 원인 정확하게 발굴하는 중요성, 방법론, 그리고 실제 국내외 사례를 소개하겠습니다.

원인 분석이 왜 중요한가?◆

문제의 원인을 발굴하는 과정은 문제를 근본적으로 이해하고, 효과적인 해결책을 마련하는 데 필수적입니다. 원인을 명확히 파악함으로써 문제의 재발을 방지하고 더 지속 가능하고 효과적인 해결책을 제시할 수 있습니다. 이 과정은 단순히 증상을 치료하는 것이 아니라, 문제의 근원을 찾아내어 근본적인 해결을 추구합니다.

문제 원인 발굴 기법들*

문제의 원인을 발굴하기 위한 방법론은 다양합니다. 실무적으로는 데이터 분석이 흔히 사용되는 기법 중 하나입니다. '5 Why' 기법도 있습니다. 이 방법은 문제가 발생한 근본적인 원인을 찾기 위해 "왜?"라는 질문을 최소 다섯 번 반복하는 과정을 포함합니다. 피시본 다이어그램(또는 원인과 결과 다이어그램)을 사용하여 문제의 가능한 원인을 시각적으로 분석할 수도 있습니다. 이외에도 인터뷰, 설문조사 등 다양한 방법이 문제의 원인을 파악하는 데 사용됩니다.

① **데이터 분석**: 문제와 관련된 데이터를 수집하고 분석하여 원인을 파악하는 기법입니다. 객관적이고 정확한 근거를 제시할 수 있지만 데이터 수집 및 분석에 많은 시간과 비용이 소요될 수 있습니다.

② **5Why 분석**: 문제 상황을 정의하고, "왜?"라는 질문을 5번 반복하여 근본 원인을 파악하는 기법입니다. 간단하고 직관적입니다. 하지만 복잡한 문제에는 적용하기 어려울 수 있습니다.

③ **피시본 다이어그램**Ishikawa Diagram: 문제 상황을 중심으로 6가지

요인(4M1E1S: 사람, 기계, 재료, 방법, 환경, 안전)을 중심으로 원인을 분석하는 기법입니다. 문제의 다양한 측면을 고려할 수 있지만 요인 간의 상호 관계를 파악하기가 어렵습니다.

④ **브레인스토밍**: 여러 사람이 모여 자유롭게 의견을 나누면서 문제의 원인을 발굴하는 기법입니다. 다양한 아이디어를 얻을 수 있지만, 구체적인 해결책을 도출하기 어려운 점이 있습니다.

⑤ **전문가 의견**: 문제 관련 전문가의 의견을 통해 원인을 파악하는 기법입니다. 빠르고 정확하게 근본 원인을 찾을 수 있지만, 전문가 의견에 대한 의존도가 높을 수 있습니다.

⑥ **현장 관찰**: 사자성어가 아닌 줄임말 '우문현답'이라는 말을 들어보셨나요? "우리의 문제는 현장에 답이 있다."의 줄임말로 기업 현장에서 종종 사용합니다. 현장 관찰은 문제 발생 현장을 직접 관찰하여 원인을 파악하는 기법입니다. 문제 발생 상황을 직접 확인할 수 있지만, 관찰자의 경험과 능력에 따라 영향을 받을 수 있습니다.

필자는 위와 같은 다양한 기법들 중에서 효과를 높일 수 있는 기법들 몇 가지를 좀 더 세부적으로 소개하고자 합니다.

2 숫자 속 숨은 메시지:

그래프로 풀어보는 문제의 원인

　팀장을 맡게 되면 가장 먼저 맞닥뜨리는 것은 숫자의 세계입니다. 숫자, 숫자, 그리고 또 숫자. 일상이 숫자와의 씨름입니다. 수년간 숫자와 동고동락하다 보면 과거, 현재 그리고 미래를 조망할 수 있는 능력과 여유를 갖게 되기도 합니다. 하지만 신임 팀장으로서의 첫해는 위에서 쏟아지는 숫자의 홍수 속에서 정신없이 시간을 보내다 보면 어느새 1년이 훌쩍 지나가 버리게 됩니다. 대부분의 숫자는 목표 대비 달성율을 중심으로 나오는 경우가 많습니다. 하지만, 달성율에만 몰두하다 보면 숫자를 통해 올바른 전략을 도출하기 어려워집니다. 필자는 이번 장에서 숫자를 보는 방법에 대해 몇 가지를 안내하고자 합니다. 팀장은 스스로 숫자를 생성할 수 있는 능력이 필요합니다. 대부분의 기업은 방대한 데이터를 관리하고 있으며 이 데이터들은 조직 내 모든 구성원이 추출하고 가공할 수 있도록 공유하고 있습니다. 팀장은 이 데이터를 적극적으로 활용할 수 있어야 합니다.

아래 표는 필자가 팀장 시절 실제로 사용했던 평가 실적 중 하나입니다. 이해를 돕기 위해 연도와 단위를 일부 조정했습니다. 아래 표를 통해 여러분은 어떤 인사이트를 얻을 수 있을까요? 표만으로는 직관적으로 이해하기 어려울 수도 있습니다.

매출액(억 원)	1분기	2분기	3분기	4분기
2020년	30.8	38.1	35.4	36.5
2021년	35.1	40.6	38.6	39.3
2022년	43.2	45.3	43.9	44.7

이제 위 표를 그래프로 나타내 보겠습니다. 2020년 1분기의 매출이 30.8억 원에서 2022년 4분기에는 44.7억 원으로 성장하는 우상향 추세를 보여주고 있습니다. 그래프를 통해 상하로의 변동성도 확인할 수 있습니다. 만약 팀장 중에 이러한 표를 그래프로 바꾸는 방법을 모르는 분이 계시다면 이번 기회에 엑셀 사용법을 학습하기를 권합니다. 엑셀에서 표를 그래프로 전환하는 것은 매우 간단하게 익힐 수 있습니다. 그래프를 다시 살펴보면 3년 동안 실적이 우상향하

는 추세와 일부 변동성이 있는 것을 제외하고는 별다른 특이점이 눈에 띄지 않습니다.

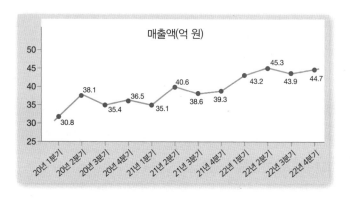

이제 아래의 그래프를 살펴보겠습니다. 이전에 본 시계열 데이터를 연도별로 나누어 추세선을 추가하여 그려 보았습니다. 무엇을 발견할 수 있나요? 우선 연도별 그래프를 통해 2020년 대비 2021년, 그리고 2021년 대비 2022년의 매출이 증가했다는 것을 확인할 수 있습니다. 더불어 무엇이 눈에 띄나요? 연도별로 분석해보면 각 연도의 1분기 매출이 가장 낮고 그 다음으로 3분기가 낮은 패턴이 나타납니다. 이는 이전 시계열 그래프에서 쉽게 발견할 수 없던 흥미로운 패턴입니다. 그래프 분석의 한 방법은 바로 이러한 패턴을 찾아내는 것입니다. 팀장으로서 이런 분석 과정을 거치는 것이 중요합니다. 필자는 이와 같은 연도별 그래프 분석을 통해 전략적 인사이트를 얻을 수 있었습니다.

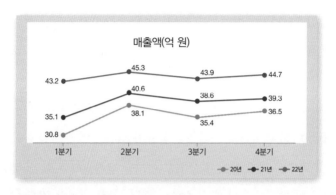

매출액(억 원)

	1분기	2분기	3분기	4분기

43.2 · 45.3 · 43.9 · 44.7
35.1 · 40.6 · 38.6 · 39.3
30.8 · 38.1 · 35.4 · 36.5

●─ 20년 ●─ 21년 ●─ 22년

1분기와 3분기의 매출이 저조한 것에 대하여 계절적 요인이나 제품 출시 시기 등 다양한 원인이 있을 수 있습니다. 하지만 필자가 발견한 주된 원인은 조직 내 변동이었습니다. 필자가 속한 회사는 매년 1분기와 3분기 초에 정기 인사를 발표합니다. 때로는 인력의 30~40%가 다른 부서나 지점으로 이동하는 대규모 인사 변동이 있습니다. 이런 변동은 팀에 큰 도전을 안겨줬습니다. 경험이 풍부한 인력일지라도 새로운 환경에 적응하기 위한 시간이 필요하므로 즉시 성과를 내기는 어렵습니다.

필자는 이 문제를 해결하기 위한 방안을 모색했습니다. 그 결과 인력 변동이 있더라도 신속하게 새로운 환경에 적응할 수 있도록 구체적이고 실용적인 인수인계 시스템과 환경 적응 가이드를 개발했습니다. 이러한 조치 덕분에 최고 매출과 최저 매출 사이의 범위가 2020년 7.3억 원, 2021년 5.5억 원, 2022년 2.1억 원으로 상당폭으로 줄어들게 되었습니다. 전체 매출 또한 개선된 것은 두말할 나위도 없었습니다. 이 편차는 주목할 만한 성과입니다. 물론 이외에도 다른 요인들이 작용했을 가능성이 있습니다. 필자가 이야기하고자 하는 핵심은 단순한 숫자 나열이 아닌 이를 그래프로 시각화하고 세분화하여 분석하면 문제의 원인을 좀 더 쉽게 파악할 수 있다는 것입니다. 이런 데이터와 그래프를 활용하는 접근 방식은 문제의 원인 분석뿐만 아니라 문제를 발굴하고 문제를 해결하기 위한 전략을 모색하는 데에도 유용하게 사용될 수 있습니다. 이러한 경험을 갖지 못한 팀장들에게는 특히 가치 있는 분석 방법이 될 것입니다.

3
5Why 분석으로
근본 원인 파헤치기

5Why 분석은 문제 해결 과정에서 문제의 근본 원인을 파악하기 위해 사용되는 간단하면서도 효과적인 기법입니다. 이 방법은 문제가 발생한 근본적인 원인을 찾아내기 위해 "왜?"라는 질문을 연속해서 다섯 번 이상 물음으로써, 문제의 표면적인 증상이 아닌 근본적인 원인을 밝혀내는 데 초점을 맞추고 있습니다.

5Why 분석의 원리◆

5Why 분석은 단순합니다. 어떤 문제가 발생했을 때, 그 문제에 대해 "왜?"라는 질문을 던집니다. 이때 제시된 답변에 대해 다시

"왜?"라고 물어, 연쇄적인 질문과 답변을 통해 문제의 근본 원인을 찾아갑니다. 이 과정을 통해 문제의 표면적인 증상을 넘어 그 문제가 발생한 근본적인 이유를 파악할 수 있습니다.

5Why 분석의 장점◆

① **간단하고 쉽게 적용할 수 있음**: 복잡한 도구나 전문 지식이 필요 없어 누구나 쉽게 사용할 수 있습니다.

② **근본 원인을 밝힘**: 문제의 표면적인 증상에만 집중하는 것이 아니라 근본적인 원인을 찾아내어 장기적인 해결책을 제시할 수 있습니다.

③ **팀 워크 강화**: 팀원들이 함께 문제 해결 과정에 참여함으로써 의사소통과 협력을 촉진합니다.

5Why 분석의 단점◆

① **과도한 단순화**: 모든 문제의 원인이 단 하나의 근본 원인으로 귀결될 수 없는 경우가 많아 분석이 과도하게 단순화될 위험이 있습니다.

② **경험과 지식에 의존**: 분석의 정확성이 질문을 던지는 사람의 경험과 지식에 크게 의존하기 때문에 전문 지식이 부족한 경우 오류가 발생할 수 있습니다.

5Why 분석의 적용*

5Why 분석을 효과적으로 적용하기 위해서는 다음과 같은 점을 고려해야 합니다.

① **사전에 정확한 질문 설정**: 문제에 대한 명확한 이해를 바탕으로 정확한 질문을 준비해야 합니다.

② **팀워크 활용**: 다양한 관점에서의 의견을 수렴하여 근본 원인을 보다 정확히 파악할 수 있습니다.

③ **문제의 복잡성 인정**: 단일 원인보다는 여러 원인이 복합적으로 작용한 경우를 고려하여 분석해야 합니다.

5Why 분석은 그 자체로 강력한 도구이지만 때로는 다른 문제 해결 기법과 함께 사용될 때 더 큰 효과를 발휘할 수 있습니다. 문제의 복잡성과 상황에 따라 적절한 도구를 선택하고 적용하는 유연성이 중요합니다.

4

피시본 다이어그램Fishbone Diagram으로 복잡한 문제의 원인 분석하기

피시본 다이어그램 또는 이시카와 다이어그램Ishikawa Diagram은 문제의 원인을 시각적으로 분석하고 파악하기 위해 널리 사용되는 도구입니다. 이 다이어그램은 일본의 품질 관리 전문가인 이시카와에 의해 1960년대에 개발되었습니다. 그의 이름을 따서 이시카와 다이어그램이라고도 불리며, 그 형태가 물고기의 뼈를 닮았다고 해서 피시본 다이어그램이라고 합니다.

피시본 다이어그램의 목적◆

피시본 다이어그램의 주된 목적은 복잡한 문제의 원인을 구조적으로 분석하고 시각화하여 문제의 근본 원인을 명확하게 파악하는 데 있습니다. 이 도구는 특히 품질 관리와 문제 해결 과정에서 유용하게 사용됩니다.

피시본 다이어그램의 구조◆

① **골격**: 문제 상황을 나타냅니다.
② **가시**: 문제의 원인을 나타냅니다.
③ **비늘**: 원인을 세분화한 하위 원인을 나타냅니다.

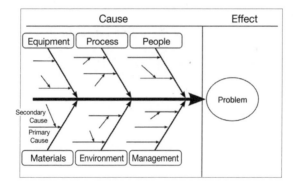

피시본 다이어그램을 사용하는 방법◆

① 문제 상황을 정의
② 문제의 원인 파악
③ 원인을 6M1E(또는 4M1E1S)로 분류
④ 원인 세분화
⑤ 다이어그램 작성

여기서 6M1E(또는 5M1E1S)는 Man(사람), Machine(기계), Material(재료), Method(방법), Measurement(측정), Environment(환경) 및 Safety(안전)을 일컫는데, 최근에는 서비스업까지 확대되면서 6M1E을 엄격하게 적용하고 있지는 않습니다.

피시본 다이어그램의 활용◆

피시본 다이어그램은 제조업, 서비스업, 헬스케어 등 다양한 분야에서 품질 개선과 문제 해결을 위해 활용됩니다. 이 도구를 통해 팀원들은 문제의 원인에 대해 깊이 있는 토론을 할 수 있으며, 구조적이고 시각적인 분석을 통해 문제 해결에 접근할 수 있습니다.

5

마인드 매핑으로 아이디어의 연결망 구축

마인드 매핑은 정보를 시각적으로 조직하고 표현하는 도구로서 문제의 원인을 발굴하는 것뿐만 아니라 개선안을 위한 아이디어를 발굴하는 등 다양한 영역에서 널리 활용됩니다. 이 방법은 복잡한 아이디어나 개념을 이해하고 기억하기 쉽게 도와줍니다. 마인드 매핑은 중심 개념에서 시작해 주요 아이디어, 단어, 작업 등을 분기 형태로 확장하며 각 아이디어는 선이나 화살표로 연결되어 전체적인 관계와 구조를 명확하게 보여줍니다.

시중에는 마인드 매핑을 용이하게 할 수 있는 다양한 소프트웨어가 제공되며, 이 중 클릭업ClickUp, 엑스마인드XMind, 코글Coggle, 알마인드, 프리마인드FreeMind 등이 인기가 있습니다. 알마인드와 프리마인드는 무료로 제공되며 다른 소프트웨어들도 유료 또는 무료 버전을 제공합니다. 유료 소프트웨어가 부담스러우시거나 무료 마인드맵 소프트웨어 사용법이 어려우시다면, 팀 단위 작업의 경우 엑셀에서도 마인드 맵과 같이 작업을 할 수 있습니다. 엑셀 사용이 익숙해지면 마인드 매핑 소프트웨어를 활용하는 것도 좋습니다.

마인드 매핑의 주요 특징◆

① **중심 개념 중심성**: 마인드 매핑은 하나의 중심 개념을 중심으로 구성되며, 이를 기반으로 관련된 아이디어나 정보가 분기되어 나갑니다.

② **계층적 구조**: 정보를 계층적으로 조직하여, 주요 아이디어와 세부 아이디어를 명확하게 구분할 수 있습니다.

③ **시각적 연결성**: 선이나 화살표를 사용하여 아이디어 간의 관계를 시각적으로 표현합니다.

④ **색상과 이미지 사용**: 마인드 매핑은 색상, 이미지, 기호 등을 사용하여 정보를 더욱 생생하고 기억하기 쉽게 만듭니다.

마인드 맵의 활용◆

앞서 잠시 언급한 것과 같이 마인드 맵은 문제 원인을 발굴하는 것 외 다양한 분야에서 유용하게 사용됩니다. 주요 활용 사례는 다음과 같습니다.

① **아이디어 브레인스토밍**: 새로운 프로젝트나 문제 해결을 위한 아이디어를 구상할 때 활용됩니다.

② **노트 테이킹**: 강의나 회의 내용을 기록하고 조직하는 데 사용됩니다.

③ **계획 수립**: 프로젝트 계획, 행사 계획 등을 세우는 데 유용합니다.

④ **지식 정리**: 학습 내용을 정리하거나, 새로운 정보를 통합하고 조직할 때 도움을 줍니다.

마인드 맵 작성 방법⁺

① **중심에 주제 배치**: 마인드 맵의 중앙에는 중심이 되는 주제나 개념을 배치합니다.

② **주요 아이디어 추가**: 중심 개념에서 바로 연결되는 주요 아이디어를 분기 형태로 추가합니다.

③ **세부 아이디어 확장**: 각 주요 아이디어에서 더 세부적인 아이디어나 정보를 추가합니다.

④ **시각적 요소 사용**: 색상, 이미지, 기호를 사용하여 마인드 맵을 더욱 돋보이게 합니다.

마인드 맵은 창의적 사고를 촉진하고, 복잡한 정보를 체계적으로 정리하는 데 탁월한 도구입니다. 개인적인 학습이나 팀 프로젝트, 업무 계획 등 다양한 목적으로 활용할 수 있어 매우 유용합니다

6

문제 해결의 실마리를 찾는 생생한 원인 분석 사례들

　지금까지 문제를 발견하고 그 원인을 찾아가는 과정을 살펴보았습니다. 아래 예시를 통해 발생된 문제에 대한 원인과 개선안을 찾는 과정을 잠시 보겠습니다. 아래 예시에서는 문제의 원인이 다소 빈약하게 보일 수도 있겠지만 실제로 문제의 원인을 찾아가는 과정은 상당히 복잡할 수 있습니다. 중요한 점은 핵심 원인을 찾아야 한다는 점입니다. 제대로 된 원인을 찾을 수 없게 되면 그 문제는 반복하여 발생한다는 점입니다.

국내 사례: 서울 지하철 사고

2016년 서울 지하철 전동차 충돌 사고는 문제의 원인을 철저히 분석하여 재발 방지 대책을 마련한 좋은 예입니다. 사고 조사 결과 시스템 오류와 인적 실수가 주된 원인으로 밝혀졌습니다. 이에 따라 서울 지하철은 시스템의 안전성을 강화하고 운영 직원의 교육 프로그램을 개선하는 등의 조치를 취했습니다. 이 사례를 좀 더 구체적으로 살펴보겠습니다.

2016년 7월 28일 오전 7시 37분경, 서울 지하철 2호선 상왕십리역에서 상행 열차와 하행 열차가 충돌하는 사고가 발생했습니다. 이 사고로 1명이 사망하고 294명이 부상을 입었으며, 그중 10명은 중상을 입었습니다.

사고의 원인은 239편성 기관사가 신호를 무시하고 출발한 것으로 조사되었습니다. 기관사는 비상 제동을 시도했으나 제동 거리가 부족해 충돌을 피할 수 없었습니다.

사고 발생 이후 서울교통공사는 이 사고의 원인을 면밀히 조사하고 재발 방지를 위한 대책을 마련했습니다. 구체적으로 기관사의 교육을 강화하고 신호 시스템을 개선하는 등의 안전 관리 시스템을 개선했습니다. 이러한 조치들은 향후 유사한 사고의 발생을 방지하기 위한 목적으로 시행되었습니다.

해외 사례: 보잉 737 MAX 사고

보잉 737 MAX는 2017년에 출시된 보잉 737의 최신 모델입니다. 하지만 출시된 지 2년 만에 두 차례의 치명적인 사고가 발생하면서 전 세계적으로 운항이 중단되었습니다. 사고 조사 결과, 비행 제어 시스템의 결함이 주된 원인으로 지목되었습니다. 이 사건으로 제품 설계의 중요성과, 철저한 안전 검증의 필요성이 다시 한번 강조되었습니다. 보잉은 이후 안전성 강화를 위한 여러 조치를 시행하였습니다. 사례를 좀 더 구체적으로 살펴보겠습니다.

2018년 10월 29일, 인도네시아 라이온 에어 610편이 추락하여 탑승객 189명 전원이 사망하는 비극이 발생했습니다. 이어서 2019년 3월 10일에는 에티오피아 항공 302편이 추락하여 탑승객 157명 전원이 사망했습니다. 두 사고의 원인은 결정적으로 MCAS라는 자동 조종 시스템의 오작동으로 인해 발생되었음이 확인되었습니다. 이 시스템은 비행기의 기수가 지나치게 올라가는 것을 방지하기 위해 설계되었습니다. 하지만 잘못된 작동으로 인해 기수가 지나치게 내려가면서 추락하게 된 것입니다.

이 사고들의 발생 이후 보잉은 MCAS 시스템의 개선 작업을 진행하고 추가적인 교육 프로그램을 제공했습니다. 그 결과, 2020년 11월 미국 연방항공청(FAA)은 보잉 737 MAX의 운항 재개를 승인했습니다. 문제의 원인을 정확히 발굴하는 것은 문제 해결의 첫걸음입니다. 이 과정을 통해 문제의 근본적인 원인을 이해하고, 효과적이고 지속 가능한 해결책을 제시할 수 있습니다. 서울 지하철 사고와 보잉 737 MAX 사고 사례는 문제의 원인을 철저히 분석하고 그에 기반한 해결책을 마련하는 과정의 중요성을 잘 보여줍니다.

성공으로
이끄는
문제 해결

1

_아이디어 도출에서 실행까지의 과정

필자는 지금까지 문제를 해결하는 기법에 대해 문제를 정의하고, 원인을 발굴하는 과정까지 소개하였습니다. 이제 마지막 단계로 해결책을 생성하고 실행하는 단계가 남았습니다. 개선 아이디어를 도출한 뒤 이를 검토하여 선택하고 실행하는 과정은 문제 해결의 핵심 단계입니다. 이 과정을 통해 팀장은 당면하고 있는 팀의 복잡한 문제를 어느새 효과적으로 관리하고 해결할 수 있는 능력이 길러질 것입니다. 문제를 해결하기 위한 아이디어가 도출되고 실행되는 단계를 살펴보면 다음과 같은 과정을 통해 정제되고 발전됩니다. 각 단계별 세부 기법과 내용은 별도로 소개하겠습니다.

최대한 많은 아이디어 도출*

① **참여적 분위기 조성**: 참가자들이 자유롭게 아이디어를 제시할 수 있는 분위기를 조성합니다. 모든 아이디어는 가치가 있습니다. 비판보다는 다양한 아이디어를 격려하는 환경을 만들어야 합니다.

② **다양성 추구**: 다양한 배경의 사람들을 포함함으로써 여러 관점에서 아이디어를 얻습니다.

③ **질보다 양**: 초기 단계에서는 질보다 양을 우선으로 하며 가능한 한 많은 아이디어를 생성하는 데 집중합니다.

도출된 아이디어의 결합 및 발전*

① **유사 아이디어 결합**: 비슷한 아이디어를 결합하여 더 강력한 해결책을 만듭니다.

② **아이디어 발전**: 초기 아이디어를 바탕으로 더 실현 가능하고 효과적인 방안으로 발전시킵니다.

개선안 선택을 위한 평가 기준 설정 및 우선순위화*

① **평가 기준 마련**: 해결책을 평가할 때 사용할 기준을 마련합니다. 비용, 실행 가능성, 효과, 시간, 리소스 등이 포함될 수 있습니다.

② **우선순위화**: 각 기준의 중요도에 따라 우선순위를 결정합니다.

최적의 개선안 결정◆

① **개선안 비교 및 평가**: 설정한 기준에 따라 각 개선안을 비교하고 평가합니다.

② **결정 과정의 투명성 확보**: 선택 과정을 팀원들과 공유하여 의사 결정의 투명성을 보장합니다.

개선안 실행◆

① **단계별 실행 계획**: 선택된 해결책을 단계별로 나누어 실행 계획을 수립합니다.

② **역할 및 책임 분배**: 각 단계에서의 구체적인 역할과 책임을 분배합니다.

③ **실행**: 계획에 따라 해결책을 실행합니다.

④ **진행 상황 모니터링**: 실행 과정을 주기적으로 검토하여 목표 달성 상황을 모니터링합니다.

⑤ **유연한 조정**: 문제점이 발견되면 계획을 조정하여 유연하게 대응합니다.

실행 결과에 대한 평가 및 피드백 수집◆

① **성과 평가**: 해결책의 효과를 평가합니다.

② **피드백 수집**: 관련 당사자들로부터 피드백을 수집하여 향후 개선 사항을 도출합니다.

이 과정을 통해 문제를 효과적으로 해결하고 비슷한 문제에 대한 대응 능력을 향상시킬 수 있습니다. 개선안을 실행하고 모니터링하는 과정은 조직의 의지에 의존하기 때문에 세부적인 설명에 한계가 있습니다. 따라서 본 장에서는 아이디어 도출과 개선안 결정에 초점을 맞추어 설명하겠습니다.

2 브레인스토밍 (Brainstorming): 아이디어 생성의 첫걸음

브레인스토밍은 창의적인 아이디어를 생성하고 문제 해결을 위해 고안된 집단적 사고 과정입니다. 이 방법은 1939년 광고 전문가 알렉스 오스본에 의해 처음 소개되었습니다. 브레인스토밍의 목적은 가능한 많은 아이디어를 자유롭게 발산하여 그중에서 최적의 해결책을 찾아내는 것입니다. 이 과정은 창의성과 혁신을 촉진하며, 팀 구성원 간의 협력과 의사소통을 강화할 수 있는 효과적인 도구로 널리 인정받고 있습니다.

브레인스토밍 기본 원칙 ◆

① **양 우선**: 가능한 많은 아이디어를 생성하는 것이 목표입니다. 아이디어의 양이 많을수록, 질적으로 우수한 아이디어를 찾을 가능성이 높아집니다.

② **비판 금지**: 아이디어 발산 단계에서는 비판이나 평가를 하지 않습니다. 모든 아이디어가 자유롭게 표현될 수 있도록 격려하는 환경을 조성합니다.

③ **자유로운 발상**: 전통적인 사고의 틀을 벗어나 창의적이고 혁신적인 아이디어를 자유롭게 제시합니다.

④ **아이디어 결합 및 개선**: 제시된 아이디어를 서로 결합하거나 발전시켜 더욱 혁신적인 해결책을 도출할 수 있습니다.

브레인스토밍 단계 ◆

① **준비 단계**: 브레인스토밍 세션의 목적과 주제를 명확히 합니다. 참가자들에게 세션의 규칙과 목표를 공유합니다.

② **아이디어 발산 단계**: 참가자들이 자유롭게 아이디어를 제시합니다. 이 단계에서는 양적으로 많은 아이디어가 중요합니다.

③ **아이디어 정리 및 평가 단계**: 제시된 아이디어를 분류하고 정리한 뒤, 그중에서 실현 가능하고 효과적인 아이디어를 선별합니다.

④ **결론 도출 단계**: 최종적으로 선택된 아이디어를 바탕으로 구체적인 행동 계획이나 해결책을 도출합니다.

브레인스토밍의 성공 요인[*]

① **다양성**: 참가자들의 다양한 배경과 전문 지식은 더욱 풍부하고 창의적인 이이디어를 생성하는 데 기여합니다.

② **환경**: 자유롭고 개방적인 분위기가 창의적 사고를 촉진합니다.

③ **시간 관리**: 효과적인 시간 관리를 통해 아이디어 발산과 평가 과정을 적절히 조절합니다.

브레인스토밍은 팀워크와 창의력을 발휘하여 문제를 해결하고 새로운 아이디어를 창출하는 데 매우 유용한 방법입니다. 이 과정을 통해 팀은 다양한 관점을 공유하게 됩니다. 또한 서로의 아이디어에서 영감을 얻으며 공동의 목표를 향해 나아갈 수 있습니다.

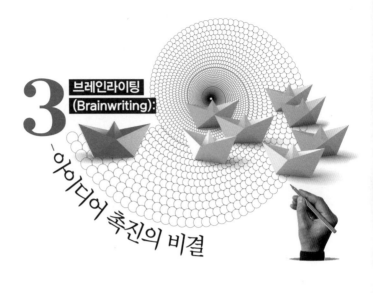

3 브레인라이팅 (Brainwriting): ~아이디어 촉진의 비결

　직접 아이디어 개선 회의를 진행한 경험에 의하면 전통적인 브레인스토밍보다 브레인라이팅 기법을 병행 사용했을 때 훨씬 많은 아이디어를 끌어낼 수 있었습니다. 동양 문화권의 특성인지는 확실치 않지만 브레인스토밍에서는 많은 아이디어가 나오지 않은 경우도 있었습니다. 그러한 경우 브레인라이팅을 활용했을 때는 상황이 달라져 여러 번에 걸쳐 다양하고 창의적인 아이디어를 도출하는 데 성공했습니다.

　브레인라이팅은 참가자들이 자신의 아이디어를 조용히 기록하며 공유하는 과정을 포함하는 집단 창의력 기법 중 하나입니다. 이 방법은 브레인스토밍이 구두로 아이디어를 발산하는 데 중점을 두는 반면, 브레인라이팅은 쓰기를 통해 아이디어를 공유하고 발전시키는 접근 방식을 취합니다. 이 차이로 인해 참가자들은 보다 깊이 있고 다양한 관점에서 아이디어를 탐색하고 발전시킬 수 있는 기회를 가지게 됩니다. 브레인라이팅은 특히 개인적인 시간을 통해 아이디어를 고민하고자 하는 참가자들에게 매우 효과적이었습니다. 이후 개인의 아이디어를 공유하면서 더욱 훌륭한 아이디어가 도출되었습니다.

브레인라이팅의 장점 ✦

① **포괄성**: 모든 참가자가 동시에 자신의 생각을 공유할 수 있기 때문에 더 많은 아이디어가 표면화됩니다.

② **참여 증진**: 조용하고 내성적인 사람들도 자신의 생각을 표현하기 쉬워 참여가 증진됩니다.

③ **집단 사고 방지**: 개별적으로 아이디어를 기록함으로써 다른 사람들의 의견에 영향을 받지 않고 독창적인 생각을 유지할 수 있습니다.

④ **즉시 비평 차단**: 아이디어를 즉시 비평하는 대신 모든 아이디어가 기록되어 평가 단계에서 고려됩니다.

브레인라이팅은 특히 큰 그룹이나 다양한 배경을 가진 사람들 사이에서 아이디어를 수집하고 싶을 때 유용합니다. 아이디어 생성의 효율성과 창의성을 높이려는 기업이나 조직에서 널리 사용됩니다.

브레인라이팅 과정◆

① **문제 정의**: 참가자들에게 해결해야 할 문제나 주제를 명확히 제시합니다.

② **아이디어 기록**: 참가자들이 일정 시간 동안 자신의 아이디어를 개별적으로 적습니다.

③ **아이디어 공유 및 발전**: 참가자들이 자신의 아이디어를 서로 공유하고, 다른 사람의 아이디어를 발전시키거나 새로운 아이디어와 결합합니다.

④ **평가 및 선정**: 모든 아이디어를 수집한 후, 그룹이나 지정된 평가자가 아이디어를 평가하고 가장 실현 가능하거나 창의적인 아이디어를 선정합니다.

이 방법은 다양한 상황과 문제 해결 과정에서 유연하게 적용할 수 있으며, 집단의 창의력을 극대화하는 데 도움을 줍니다.

사진은 필자가 직무 전문가들과 직무역량 도출을 위한 워크숍 시 실제 활용한 브레인라이팅 과정입니다. 이 과정을 통해서 상당히 훌륭한 개선안을 도출하였습니다.

4 아이디어를 현실로 :
실행 가능한 개선안 도출

개선 아이디어를 구체화하여 최적의 선택을 하는 과정은 중요한 순간입니다. 개선 아이디어는 창의적인 발상에서 출발합니다. 하지만 그것을 실행 가능한 개선안으로 전환하기 위해서는 창의성과 현실성 사이의 균형을 맞추는 과정이 필수적입니다. 아이디어가 아무리 혁신적이라 할지라도 그것을 현실의 문제에 적용할 수 없다면 그 가치는 크게 떨어집니다. 반대로 너무 현실적인 제약에 매몰되어 창의적인 요소가 결여된 아이디어는 큰 도약을 이루기 어렵습니다.

개선 아이디어를 실행 가능한 개선안으로 전환하기 위해서는 첫째, 아이디어의 실행 가능성을 평가하는 단계가 필요합니다. 이는 아이디어가 실제 환경에서의 제약 조건, 예산, 시간, 기술적 가능성 등을 고려하여 실행할 수 있는지를 검토하는 과정입니다. 둘째, 아이디어를 현실에 맞게 조정하는 과정이 필요합니다. 이는 아이디어를 실제 상황에 적용하기 위해 필요한 수정, 보완을 포함합니다. 세부적 단계별로 보면 다음과 같습니다.

평가 기준 설정◆

개선 아이디어를 평가하기 전에, 무엇을 기준으로 선택할 것인지 명확하게 해야 합니다. 이 기준은 개선안이 해결해야 할 문제의 본질과 긴밀하게 연결되어 있어야 하며, 구체적이고 측정 가능해야 합니다. 예를 들어 비용 효율성, 실행 가능성, 예상되는 효과, 시간 요구 사항 등이 될 수 있습니다.

개선 아이디어 리스트업 및 분석◆

제시된 모든 개선 아이디어를 리스트업하고 각각의 장단점을 분석합니다. 이 단계에서는 각 아이디어가 평가 기준에 어떻게 부합하는지를 면밀히 검토합니다. 이 과정에서는 종종 SWOT 분석(강점, 약점, 기회, 위협)을 포함할 수도 있습니다.

가중치 부여와 점수 매기기◆

설정한 평가 기준 각각에 가중치를 부여합니다. 모든 기준이 동일한 중요도를 가지는 것은 아니기 때문에 가중치를 통해 특정 기준의 중요성을 반영할 수 있습니다. 이후 각 아이디어를 평가 기준에 따라 점수를 매깁니다. 이 점수는 아이디어가 이 해당 기준을 얼마나 잘 충족시키는지를 나타냅니다.

종합 평가 점수 계산◆

각 아이디어에 대해 설정한 기준에 따른 점수와 가중치를 곱한 후 이를 모두 합하여 종합 평가 점수를 계산합니다. 이 점수가 높은 개선안일수록 더 우수한 것으로 간주됩니다.

민감도 분석◆

선택 과정에 더 많은 신뢰성을 추가하기 위해 민감도 분석을 수행할 수 있습니다. 이는 가중치나 기준의 변화가 최종 선택에 어떤 영향을 미치는지를 평가하는 과정입니다. 특정 개선안이 다양한 시나리오에서도 여전히 최적의 선택으로 나타난다면 그 선택의 타당성이 더욱 강화됩니다.

의사 결정◆

종합 평가 점수와 민감도 분석 결과를 바탕으로 최종 의사 결정을 하고 개선안들을 선정합니다. 이 단계에서는 수치뿐만 아니라 팀의 의견, 실행 가능성, 장기적인 영향 등도 고려해야 합니다.

실행 계획 수립◆

선택된 개선안에 대한 실행 계획을 수립합니다. 이 계획은 명확한 단계, 시간표, 필요한 자원, 책임자 등을 포함해야 합니다. 실행 계획을 통해 개선안을 구체적인 행동으로 전환하는 과정입니다.

이러한 방법을 통해 개선안 중에서 최적의 선택을 할 수 있으며, 이는 문제를 효과적으로 해결하고 조직의 목표 달성에 기여할 것입니다.

5 개선안 실천과
피드백의 순환:

- 성장으로의 길

 개선안을 실행하고 평가하는 과정은 단순한 문제 해결을 넘어서
조직의 지속 가능한 성장과 혁신의 원동력이 될 수 있음을 꼭 알려
드리고 싶습니다. 개선안을 실행하는 것은 목표 달성을 위한 수단이
됩니다. 하지만 이 과정 자체가 학습, 혁신, 그리고 조직 문화의 촉
진제가 될 수 있다는 사실을 간과하기 쉽습니다. 특히, 실행된 개선
안의 효과를 체계적으로 평가하는 것은 단순히 성공 여부를 넘어서
왜 성공했는지 실패했는지에 대한 깊은 생각을 가지게 합니다. 또한
미래의 결정과 전략에 중요한 통찰을 제공합니다. 이는 조직이나 개
인이 시행착오를 통해 배우고 성장하는 과정에서 필수적인 요소이

며 지속 가능한 발전을 위한 핵심 전략으로 작용될 수 있습니다. 개선안의 실행과 평가가 지속 가능한 성장과 혁신에 중요한 이유는 다음과 같습니다.

첫째, 개선안을 실행하는 과정에서 겪는 다양한 시행착오는 조직 내에서 새로운 아이디어와 접근 방식을 실험해볼 수 있는 소중한 기회를 제공합니다. 이러한 시행착오를 격려하는 문화는 창의적 사고와 혁신적인 문제 해결 방법을 장려하여 조직의 창의성과 혁신 능력을 강화합니다. 그 결과 조직은 더욱 경쟁력을 갖추게 되며, 이는 곧 조직 전체의 성장과 발전으로 이어집니다.

둘째, 실행된 개선안을 평가하는 과정은 조직이 자신의 성과를 객관적으로 분석하고 이해하는 데 도움을 줍니다. 이를 통해 조직은 성공적인 전략과 실패한 전략을 구분할 수 있으며, 이 정보를 바탕으로 더 효과적인 미래 전략을 수립할 수 있습니다. 평가 과정에서 얻어진 피드백과 데이터는 조직의 의사 결정 과정을 더욱 데이터 기반으로 전환시키는 데 중요한 역할을 합니다.

셋째, 개선안의 실행과 평가 과정은 조직 문화에 긍정적인 영향을 미칩니다. 실험적인 접근 방식과 지속적인 개선을 장려하는 문화는 직원들이 더욱 창의적이고 혁신적인 방식으로 문제를 해결하도록 동기를 부여합니다. 이러한 환경은 직원들이 실패를 두려워하지 않고 도전적인 목표를 설정하게 만들며, 이는 결국 조직의 전반적인 성장과 발전에 기여합니다.

마지막으로, 지속적인 개선과 평가는 고객의 요구와 시장의 변화에 민첩하게 대응할 수 있는 능력을 키웁니다. 시장과 기술의 변화에 신속하게 적응하고, 고객의 만족도를 지속적으로 개선함으로써, 조직은 장기적으로 경쟁 우위를 확보할 수 있습니다.

이러한 중요한 이유들은 개선안을 실행하고 평가하는 과정이 단순한 문제 해결을 넘어서 조직의 혁신과 성장에 중요한 역할을 한다는 주장을 뒷받침합니다.

6 문제 해결의 생생한 예시:
─개선안의 실행과 실패, 재도전

문제 해결 과정에서 문제 발굴, 원인 분석, 개선안 도출 그리고 실행까지의 과정을 소개하였습니다. 하지만 실행만으로 성공을 보장할 수는 없습니다. 부족한 부분을 보완하고, 개선하며 때로는 완전히 새롭게 바꾸는 혁신의 과정이 필요합니다. 영국의 유명한 역사가 아널드 토인비는 그의 저서 《역사의 연구》에서 문명은 '도전과 응전'의 과정 속에서 발전한다고 말했습니다. 이와 같이 진정한 개선안은 실행과 실패를 통해 이루어집니다.

스페이스X의 재사용 가능 로켓 개발 사례를 예로 들어 보겠습니다. 스페이스X는 인류의 삶을 개선하려는 소명의식과 우주 탐사 비용 절감을 통한 화성 이주 목표를 실현하기 위해 재사용 가능한 로켓 개발을 추진하고 있습니다. 팰콘 9 로켓은 2010년 첫 발사 이후 2023년 11월까지 총 272회 발사되었으며 그 과정에서 많은 실패를 경험했습니다. 그럼에도 불구하고 지속적으로 문제를 발굴하고 개선하여 실행하는 과정을 통해 발전을 이루어내고 있습니다. 현재까지도 2단 로켓 재사용은 성공하지는 못했습니다. 하지만 스페이스X의 도전은 여전히 진행되고 있습니다. 아래 표는 2023년 11월 기준 각 단계별 성공과 실패 요약표입니다.

발사 횟수	1단 착륙 시도	1단 착륙 성공	2단 재사용 시도	2단 재사용 성공
2020년	272회	230회	4회	0회

주요 실패 사례를 보면 다음과 같습니다.

- 2010년 6월: 팰컨 9 첫 발사 실패 (엔진 고장)
- 2011년 3월: 팰컨 9 두 번째 발사 실패 (엔진 고장)
- 2012년 10월: 팰컨 9 v1.0 첫 번째 착륙 시도 실패 (착륙 지점 오류)
- 2013년 9월: 팰컨 9 v1.1 첫 번째 착륙 시도 실패 (엔진 고장)
- 2014년 4월: 팰컨 9 v1.1 두 번째 착륙 시도 실패 (착륙 지점 오류)
- 2015년 6월: 팰컨 9 v1.1 세 번째 착륙 시도 실패 (착륙 지점 오류)
- 2016년 9월: 팰컨 9 v1.2 첫 번째 착륙 시도 실패 (착륙 지점 오류)
- 2017년 12월: 팰컨 9 v1.0 R 첫 번째 2단 재사용 시도 실패 (엔진 고장)

- 2018년 5월: 팰컨 9 v1.0 R 두 번째 2단 재사용 시도 실패 (엔진 고장)
- 2019년 6월: 팰컨 9 v1.0 R 세 번째 2단 재사용 시도 실패 (엔진 고장)
- 2020년 8월: 팰컨 9 v1.0 R 네 번째 2단 재사용 시도 실패 (엔진 고장)

언론에서 확인된 실패가 11건임을 볼 때 보도되지 않은 실패는 훨씬 많을 것으로 생각됩니다. 그럼에도 불구하고 스페이스X는 문제를 발견하고 그 원인을 찾아내어 개선하는 과정을 반복하며 지속적인 혁신을 이루어냈습니다. 문제 발굴 → 원인 분석 → 개선안 도출 및 실행의 사이클을 통해 스페이스X의 두 가지 사례를 통해 이러한 과정을 살펴보겠습니다.

1단 착륙 성공률 저하에 따른 개선안 도출을 위해

스페이스X는 다음과 같은 과정을 거쳤습니다. 스페이스X는 1단 착륙 시도에서 낮은 성공률(약 40%)이라는 문제에 직면하였습니다. 착륙 과정에서 엔진의 고장, 추진력의 부족, 그리고 제어 시스템의 오류 등 다양한 문제들이 발생하였습니다. 스페이스X는 이러한 문제들을 근본적으로 해결하기 위해 원인 분석을 실시하였습니다. 그 결과 엔진의 성능 부족, 착륙 지점 선정의 오류, 그리고 제어 시스템 알고리즘의 문제가 주요 원인으로 드러났습니다.

이에 따라 다음과 같은 개선안을 도출하고 실행에 옮겼습니다. 우선, 엔진의 성능을 개선하여 더욱 강력하고 안정적인 추진력을 확보하였습니다. 또한 착륙 지점의 선정 과정에서 기상 조건을 보다 면밀히 고려함으로써 더욱 안정적인 착륙 환경을 마련하였습니다. 제어 시스템 알고리즘 역시 개선하여 센서의 정확도를 향상시키고 비행경로를 최적화함으로써 전반적인 제어 능력을 강화하였습니다.

이러한 개선안의 실행은 매우 긍정적인 결과를 가져왔습니다. 개선 작업 이후 1단 착륙의 성공률은 90% 이상으로 대폭 향상되었습니다. 이는 스페이스X의 기술적 역량과 혁신 능력을 증명하는 중요한 이정표가 되었습니다. 또한 향후 유사한 프로젝트에 대한 신뢰와 기대를 높이는 계기가 되었습니다.

2단 로켓의 재사용 문제에 따른 개선안 도출을 위해 ◆

스페이스X는 다음과 같은 과정을 거쳤습니다. 우선 스페이스X가 발견한 문제점들입니다. 2단 로켓은 1단 로켓에 비해 훨씬 높은 속도와 고도에서 재진입해야 하기 때문에 기술적 난이도가 상당히 높습니다. 재사용 시도 과정에서 엔진 고장과 열 차폐 문제 등 다양한 어려움이 발생했습니다.

이러한 문제들의 근본 원인을 분석한 결과, 엔진의 내구성 부족, 열 차폐 기술의 미흡함, 그리고 재진입 시 제어 시스템의 오류가 주요 원인으로 확인되었습니다.

이에 따라 스페이스X는 다음과 같은 개선안을 도출하고 실행에 옮겼습니다.

첫째, 엔진의 내구성을 향상시키기 위해 재료를 개선하고 냉각 시스템을 강화했습니다. 이를 통해 엔진이 더욱 견딜 수 있는 능력을 갖추도록 하였습니다. 둘째, 열 차폐 기술을 개발하기 위해 새로운 재료를 개발하고 열 차폐 시스템의 설계를 전반적으로 개선하였습니다. 이는 재진입 과정에서 발생할 수 있는 고온으로부터 로켓을 보호하는 데 큰 도움이 되었습니다. 셋째, 재진입 시 제어 시스템을 개선하여 센서의 정확도를 향상시키고 비행경로를 최적화함으로써 전반적인 제어 능력을 높였습니다.

현재 2단 재사용이 완전한 성공을 이루지는 못했지만 지속적인 연구와 시도를 통해 기술 발전이 이루어지고 있습니다. 스페이스X의 재사용 가능 로켓 개발은 앞으로도 다양한 문제와 어려움에 직면할 가능성이 있습니다. 그럼에도 스페이스X는 끊임없는 시도와 개선을 통해 기술 발전을 이루어 나가고 있습니다. 이 과정을 통해 축적된 경험과 지식이 쌓여 더욱 발전된 로켓 기술을 선보일 것으로 기대하고 있습니다.

팀장 역시 많은 문제에 직면하게 될 수 있지만 필자가 소개한 문제 발굴, 원인 분석 및 개선안 도출, 그리고 실행이라는 로드맵을 활용한다면 상당한 수준의 개선을 이룰 수 있을 것이라고 확신합니다.

조직 내에서 의사결정 과정은 종종 숫자로 시작하여 숫자로 끝나는 경우가 많습니다. 이는 숫자가 화려한 말보다 더 강력한 영향력을 가질 수 있음을 의미합니다. 최근에는 엑셀에 기재된 숫자만으로 회의를 진행하는 기업들이 증가하는 추세입니다. 이는 숫자가 객관화를 위한 강력한 도구로 작용하기 때문입니다. 숫자의 역할을 구체적으로 살펴보면, 첫째로 기업 활동에서 객관적인 의사결정을 도와주며, 둘째로 기업의 재무 상태를 통해 주주, 임직원, 투자자 및 외부 이해관계자들이 기업의 재무 건전성과 성장 가능성을 평가할 수 있게 해줍니다. 또한, 빅데이터의 시대에 숫자의 활용은 필수적입니다. 물론 숫자를 활용함에 있어 주의해야 할 문제점들도 존재합니다. 예를 들어, 주장하는 사람이 자신에게 유리한 숫자만을 선택적으로 사용하는 경우 등입니다.

필자는 통계, 빅데이터, 회계를 통해 숫자를 바르게 이해하고 활용하는 방법을 소개하고자 합니다. 통계 부분에서는 기술 통계 중심으로 소개할 예정입니다. 빅데이터 부분에서는 빅데이터와 숫자의 관계 및 실무적 활용 사례를 살펴보겠습니다. 회계 부분에서는 팀장 입장에서 필요한 수준에서 회계를 소개하고자 합니다. 숫자에 대한 깊은 이해를 통해 아이디어와 통찰력을 얻을 수 있을 것이라 확신합니다.

제 3 장

숫자
통달

결정을
이끄는 힘:
통계의 중요성

1 의사결정:
_직관과 데이터의 조화

누군가 필자에게 "의사 결정을 내릴 때 직관과 경험에 의존할 것인가, 아니면 데이터 기반에 의존할 것인가?"라고 묻는다면 당연히 "두 방법 모두 활용하겠습니다."라고 대답하겠습니다. 데이터 기반 없는 결정은 확증 편향적 오류에 빠질 위험이 있고, 데이터에 의존한 의사 결정도 예상 못 한 데이터를 고려하지 않은 경우 의사 결정의 오류에 빠질 수 있습니다. 필자는 경험과 직관만큼 데이터 기반 의사결정도 매우 중요하다고 말씀드리고 싶습니다. 더욱이 빅데이터의 활용도가 높아지는 시점에 데이터 기반 의사결정의 중요성은 더욱 높아지고 있는 상황입니다. 직관과 경험만을 의존하여 문제 해결을 모색하는 방법은 특정 상황에서 매우 유용할 수 있습니다. 하지만, 동시에 여러 한계와 위험을 내포하고 있습니다. 직관과 경험에 의존한 문제 해결 방식의 장단점을 살펴보겠습니다.

장점① 신속한 의사결정: 직관을 통해 빠르게 문제를 인식하고 해결책을 도출할 수 있습니다. 이는 시간이 중요한 결정이 요구되는 상황에서 특히 유용합니다.

장점② 경험의 활용: 과거의 경험에서 얻은 지식과 교훈을 활용하여 비슷한 유형의 문제에 효과적으로 대응할 수 있습니다. 이는 불필요한 시행착오를 줄이고 검증된 해결책을 적용할 수 있게 합니다.

장점③ 직관적인 통찰력: 때때로 직관은 명확하게 정의되지 않은 문제에 대한 독창적이고 혁신적인 해결책을 제공할 수 있습니다. 이는 논리적 분석만으로는 도달하기 어려운 통찰력을 가능하게 합니다.

장점④ 유연성과 적응성: 경험과 직관은 불확실하고 변화하는 상황에서도 유연하게 대응할 수 있는 능력을 제공합니다. 이는 새로운 문제에 대한 창의적인 접근 방법을 가능하게 합니다.

단점① 주관성과 편향성: 직관과 경험은 개인의 주관적인 판단에 크게 의존하며 이로 인해 편향된 결정을 내릴 위험이 있습니다. 특히 확증 편향이나 과거의 성공에 대한 과도한 의존은 잘못된 판단을 초래할 수 있습니다.

단점② 정보의 누락: 직관적인 접근 방식은 종종 충분한 정보 수집과 분석을 간과할 수 있습니다. 이는 중요한 데이터나 증거를 놓치고, 문제의 본질을 정확히 파악하지 못하는 결과를 초래할 수 있습니다.

단점③ 갈등의 가능성: 팀 내에서 직관과 개인적 경험에 기반한 결정이 우선시될 경우 객관적인 기준이나 다른 팀원들의 의견이 무시될 수 있습니다. 이는 팀 내 갈등을 유발하고 협업을 저해할 수 있습니다.

단점④ 혁신의 제한: 과거의 경험에만 의존하게 되면 새로운 상황이나 기술에 대한 적응과 혁신적인 해결책 모색이 제한될 수 있습니다. 이는 조직이 시대의 변화에 뒤처지게 만들 수 있습니다.

단점⑤ 위험의 과소평가: 직관적인 판단은 종종 위험을 과소평가하게 만들 수 있습니다. 충분한 위험 분석과 평가 없이 결정을 내릴 경우 예상치 못한 부정적인 결과를 초래할 수 있습니다.

직관과 경험을 통한 문제 발견과 해결 방법은 이러한 장단점을 고려하여 신중하게 적용되어야 합니다. 최선의 결정을 내리기 위해서는 데이터 분석, 체계적인 정보 수집, 그리고 다양한 관점들과 통합해야 합니다. 숫자를 알고 이를 올바르게 활용하는 것은 기업의 의사결정 과정에서 매우 중요합니다. 이는 기업이 시장 동향을 정확히 분석하고, 전략적인 결정을 내리는 데 필수적입니다.

숫자에 기반한 데이터 분석은 리스크를 줄이고, 효율성을 높이며, 성장 기회를 식별하는 데 도움을 줍니다. '숫자 통달' 편은 현장 팀장으로서 이해하기 힘든 영역도 있을 수 있습니다. 필자는 불필요한 영역은 과감하게 제외하고 팀장으로 활동하는 데 직접 도움이 되는 내용 중심으로 말씀드리고자 합니다.

2 기술 통계:
─ 데이터 분석의 핵심

　기술 통계에 대한 의미를 이 자리에서 명확히 하고자 합니다. 영어로는 'Descriptive Statistics'라고 불리며, '서술하는', '묘사하는'의 의미를 담고 있습니다. 한자로는 '記述'(기술)로 표현됩니다. 이는 대상을 있는 그대로 열거하거나 기록하여 서술하는 것을 의미합니다. 숫자를 있는 그대로 보는 것을 말합니다.

　기술 통계의 주된 목적은 데이터를 간단하고 이해하기 쉬운 형태로 제공하여 해당 데이터 집합의 핵심적인 특성들을 요약하고 설명하는 데 있습니다. 이 과정은 데이터를 체계적으로 정리하고 요약하여 표현하는 방법을 포함합니다. 데이터 집합의 현재 상태를 명확하게 이해하는 데 중점을 두고 있습니다. 이러한 접근 방식은 데이터의 복잡성을 줄이고, 정보를 보다 명확하게 전달하기 위한 것입니다.

기술 통계는 다양한 영역에서 광범위하게 활용됩니다. 그중 하나가 중심 경향성입니다. 중심 경향성에는 평균값, 중앙값, 최빈값 등이 있습니다. 이러한 지표들은 데이터 집합의 중심이 어디에 위치하는지를 명확하게 보여줍니다. 한편 분산, 표준편차, 범위 등의 지표를 통해 데이터가 얼마나 퍼져 있는지, 즉 변동성의 정도를 이해할 수 있습니다. 이외에도 데이터 분포의 시각적 이해를 돕기 위해 히스토그램, 상자 그림, 정규분포 곡선 등이 활용됩니다. 이는 데이터가 어떤 형태로 분포하는지, 이상치는 무엇인지 등을 한눈에 파악할 수 있게 해주며 데이터 간의 상관관계를 파악하는 데에도 중요한 역할을 합니다.

기술 통계는 이처럼 데이터를 보다 쉽게 이해하고 해석할 수 있도록 하는 도구로서 데이터 분석 및 의사결정 과정에서 핵심적인 역할을 합니다. 데이터의 중요한 패턴과 경향을 식별하고 복잡한 정보를 보다 명확하고 간단한 형태로 전달함으로써 데이터 기반의 의사결정 과정을 보다 효과적으로 지원합니다. 때로는 추론 통계Inferential statistics와 함께 사용되어 데이터를 통해 전체 모집단에 대한 일반화된 결론을 도출하는 데 활용됩니다. 기술 통계와 추론 통계는 서로 보완적인 관계에 있으며 데이터를 분석하고 해석하는 과정에서 함께 사용됩니다. 추론 통계는 별도의 장에서 소개하겠습니다.

3 평균의 한계를 넘어:
중심 경향성 지표의 한계와 그 이상의 통찰

앞서 설명한 바와 같이 중심 경향성을 나타내는 핵심 지표로는 평균값, 중앙값, 최빈값이 있습니다. 이들 중에서도 평균값은 실무 조직에서 특히 널리 활용됩니다. 그 이유는 다음과 같은 여러 장점 때문입니다.

① **대표성**: 평균값은 데이터 집합 전반을 대표하는 값으로 활용되며 모든 데이터 포인트를 고려하여 산출됩니다. 이로 인해 데이터 집합의 일반적인 경향을 정확하게 반영하며 데이터 요약 및 비교 분석에 매우 유용합니다.

② **계산 용이성**: 평균값을 계산하는 방법은 모든 데이터 값을 합산한 후 데이터의 개수로 나누는 간단한 과정을 거칩니다. 이런 단순함이 다양한 분야에서의 평균값의 활용을 더욱 용이하게 만듭니다.

③ **이상치 영향 완화**: 평균값은 데이터 집합의 모든 값을 고려해 계산되기 때문에 개별적인 이상치가 전체 데이터 집합에 미치는 영향을 상대적으로 줄일 수 있습니다.

④ **다른 통계 지표와의 연계성**: 평균값은 편차, 분산, 표준편차 등 다른 중요한 통계 지표를 계산하는 데 기초가 되며 이는 데이터 분석의 일관성을 유지하고 통계적 개념을 이해하는 데 도움을 줍니다.

⑤ **예측과 추론의 활용**: 데이터의 일반적인 경향을 나타내는 평균값은 판매량 예측, 학생 성적 평가 등 다양한 상황에서의 예측과 추론에 활용될 수 있습니다.

이처럼 평균값은 그 대표성과 계산의 용이성, 이상치의 영향을 완화하는 능력, 다른 통계 지표와의 연계성, 그리고 예측과 추론에의 광범위한 활용 가능성으로 인해 실무에서 매우 중요하고 유용한 도구로 인정받고 있습니다.

하지만 평균값만을 활용할 때는 몇 가지 주의할 점이 있습니다. 그러므로 중앙값과 최빈값 같은 다른 지표에 대한 이해도 필수적입니다. 중앙값은 데이터를 크기 순서대로 나열했을 때 정확히 중앙에 위치하는 값을 말합니다. 만약 데이터의 개수가 짝수일 경우 중앙에 위치한 두 값의 평균을 중앙값으로 취급합니다. 이상치가 존재하거나 데이터의 분포가 비대칭일 경우 중앙값은 평균값과 함께 데이터의 특성을 보다 정확하게 반영하여 요약하는 데 큰 도움을 줍니다. 최빈값은 데이터 집합 내에서 가장 빈번하게 나타나는 값을 지칭하며 데이터 내에서 가장 많이 나타나는 값입니다.

평균값, 중앙값 및 최빈값에 대한 이해를 돕기 위해 다음과 같이 표를 작성하였습니다. 이 표는 다른 변수들을 고려하지 않고 필자가 임의로 설정한 숫자들을 바탕으로 A쇼핑몰과 B쇼핑몰에서 각 고객별로 판매한 상품의 금액을 나타내고 있습니다.

A쇼핑몰에서는 평균값, 중앙값, 최빈값이 모두 3만 원으로 나타나, 이는 데이터의 중심 경향성 지표가 완벽하게 일치한다는 것을 보여줍니다. 이러한 현상이 수십만 명의 고객에 의해 반복된다면, 도수분포 그래프는 아래 그래프들 중에서 중앙에 위치한 매우 조화로운 형태, 즉 좌우가 대칭인 균형 잡힌 그래프 모습을 나타낼 것입니다. 이는 A쇼핑몰에서의 거래가 일정한 가격대에 집중되어 있음을 시각적으로 잘 보여주며, 고객들의 구매 패턴이 안정적이고 일관된 경향을 보인다는 것을 의미합니다.

반면에 B쇼핑몰의 경우는 상황이 다소 다릅니다. B쇼핑몰에서는 평균 판매 금액이 3만 원이지만, 중앙값은 2.5만 원, 최빈값은 2만

원으로 나타납니다. 이는 B쇼핑몰에서의 상품 판매 금액 분포가 A
쇼핑몰과는 다르게 저가 상품의 판매가 더 많이 이루어지고 있음을
시사합니다. 더욱이 B쇼핑몰에서는 9만 원의 상품을 구매한 고객이
있습니다. 쇼핑몰 입장에서는 고액을 구입한 소중한 고객이지만 통
계적으로는 이상치 고객이라고 할 수 있습니다. 만약 이러한 패턴이
수십만 명의 고객에 의해 발생한다면 도수분포 그래프는 다음 그래
프들 중에서 왼쪽의 그래프와 같이 꼬리가 오른쪽으로 길게 늘어진,
비대칭적인 형태를 보이게 될 것입니다.

이처럼 A쇼핑몰과 B쇼핑몰의 상품 판매 금액에 대한 중심 경향
성 분석을 통해 두 쇼핑몰의 고객 구매 패턴과 시장 동향을 보다 명
확하게 이해할 수 있습니다. 이는 각 쇼핑몰이 어떤 가격대의 상품에
더 초점을 맞추어 마케팅 전략을 수립해야 할지에 대한 중요한 인사
이트를 제공합니다.

＊A, B쇼핑몰의 고객별 구입가격(만 원)

구분	사람1	사람2	사람3	사람4	사람5	사람6	사람7	사람8	사람9	사람10	평균
A쇼핑몰	1	2	2	3	3	3	3	4	4	5	3
B쇼핑몰	2	2	2	2	2	2	2	3	4	9	3

이 표를 금액대별 쇼핑 인원수로 재구성하면 다음과 같습니다.

＊A, B쇼핑몰의 금액대별 고객수(명, 만 원)

구분	1만 원	2만 원	3만 원	4만 원	5만 원	9만 원	평균
A쇼핑몰	1	2	4	2	1	0	3
B쇼핑몰	0	7	1	1	0	1	3

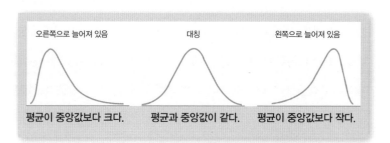

오른쪽으로 늘어져 있음   대칭   왼쪽으로 늘어져 있음

평균이 중앙값보다 크다.   평균과 중앙값이 같다.   평균이 중앙값보다 작다.

A쇼핑몰과 B쇼핑몰 사례를 통해 평균값만을 고려하는 접근의 위험성을 살펴보겠습니다. 국내 시장에서 선두를 다투며 치열한 경쟁을 벌이는 A쇼핑몰과 B쇼핑몰은 2024년 고객 유지 전략을 최우선 목표로 설정하였습니다. 이 전략의 주요 내용 중 하나는 특정 고객 대상으로 무료 배송 서비스를 제공하는 것이었습니다. 이는 고객 이탈을 방지하고 재유치하는 비용보다 배송료 부담을 통한 고객 유지가 더 경제적이라는 분석에 기반한 결정이었습니다. 이 과정에서 각 쇼핑몰은 고객별 구매 금액의 크기에 관계없이 동일한 정책을 적용하기로 하였습니다.

이제 각 쇼핑몰이 어떤 고객 세그먼트에 집중해야 하는지 고려해 보겠습니다. A쇼핑몰의 경우, 평균, 중앙값, 최빈값이 모두 3만 원으로 나타나는데, 이는 3만 원을 소비하는 고객층이 가장 효과적인 타 깃이 될 것임을 시사합니다. A쇼핑몰에 있어서 이 가격대의 고객을 유지하는 것은 전략적으로 매우 중요한 의미를 가집니다.

반면 B쇼핑몰에서는 상황이 다릅니다. 평균 구매액이 3만 원이라 할지라도, 최빈값이 2만 원인 점은 주목할 가치가 있습니다. 특히, 2 만 원 구매액에 해당하는 고객 수가 가장 많다는 점은 B쇼핑몰에서 이 금액대의 고객이 가장 큰 고객층을 형성하고 있음을 보여줍니다. 따라서 B쇼핑몰은 평균값보다는 이 최빈값에 더 큰 주목을 하여 2만 원 대의 구매 고객에게 더욱 집중하는 전략을 취해야 할 것입니다. 이와 같이 평균값 이외에도 중앙값과 최빈값 등 다른 통계적 지표들 을 함께 고려하는 것은, 각 쇼핑몰이 보다 효과적인 고객 유지 전략 을 수립하는 데 크게 기여할 수 있습니다. 이는 고객층의 다양성을 인정하고, 보다 세밀한 마케팅 전략을 개발하는 데 중요한 근거를 제공합니다.

평균값을 사용할 때의 함정은 바로 이런 점에 있습니다. 평균값만 을 보고 전략을 수립할 경우, 실제 고객 분포의 특성을 놓칠 수 있으 며, 이는 결과적으로 전략의 효과를 크게 저하시킬 수 있습니다. 따 라서 데이터의 전체적인 분포를 이해하고 다양한 중심 경향성 지표 를 함께 고려하여 보다 정확한 의사 결정을 내리는 것이 중요합니다. 이러한 분석을 할 때, 그래프를 예쁘게 그려 분석하려는 생각을 가질 필요가 전혀 없습니다. 엑셀에 나열된 수치를 통해 AVERAGE(평균),

MEDIAN(중앙값), MODE(최빈값) 식을 활용하면 충분히 분석할 수 있습니다.

평균값에 대한 이해는 매우 중요하기에 다시 한번 정리하겠습니다.

첫째, 데이터의 분포를 충분히 반영하지 못할 수 있습니다. 데이터가 한쪽으로 치우친 경우나 여러 다른 그룹으로 분류될 수 있는 상황에서 평균값만으로는 데이터 집합의 실질적인 특성을 제대로 파악하기 어려울 수 있습니다. 이러한 상황에서는 평균값 외에도 중앙값이나 최빈값과 같은 다른 대푯값들을 함께 고려해야만 데이터의 전체적인 모습을 보다 정확하게 이해할 수 있습니다.

둘째, 이상치의 영향을 받을 수 있습니다. 이상치란 다른 데이터들과 비교했을 때 극단적으로 높거나 낮은 값을 가지는 데이터를 말합니다. 이상치가 포함된 데이터 집합의 평균을 계산하면, 전체 데이터의 특성이 왜곡될 가능성이 있습니다. 따라서, 이상치의 존재 유무를 파악하고 이를 어떻게 처리할지 결정하는 과정이 분석에 앞서 필요합니다.

마지막으로, 시간에 따른 변동성을 고려하지 못할 수 있습니다. 데이터가 시간의 흐름에 따라 변화하는 경우 단순히 평균값만으로는 이러한 동향을 정확히 파악하기 어렵습니다. 예를 들어, 월별 매출액의 평균을 계산한다 해도 계절적 변동이나 특정 이벤트의 영향 등은 충분히 반영되지 않을 수 있습니다.

이렇게 평균값의 활용에 있어 주의해야 할 점들을 고려했을 때, 데이터 분석 시 평균값만이 아니라 다양한 통계적 지표들을 함께 사용하는 것이 중요함을 알 수 있습니다. 이는 데이터의 다양한 측면을 보다 정확하게 이해하고 해석하는 데 큰 도움이 됩니다.

다음으로, 데이터의 변동성을 살펴보겠습니다.

4

흩어지면 죽고, 뭉치면 산다. 편차를 줄여라!

데이터가 어느 정도로 그리고 어떻게 퍼져 있는지를 나타내는 중
요한 개념인 산포도를 소개하겠습니다. 산포도는 데이터 집합 내에
서 개별 데이터가 얼마나 넓게 분포하고 있는지를 나타내는 데 사용
되는 지표들로 구성되어 있습니다. 이러한 지표들에는 범위^{Range}, 사
분위 간 범위$^{Interquartile\ Range}$, IQR, 분산^{Variance} Var, 표준편차^{Standard}
^{Deviation} SD, 그리고 절대편차$^{Absolute\ Deviation}$ AD 등이 포함됩니다. 변
동성이라는 용어는 주로 주식시장에서 사용되며 주식이나 자산, 채
권, 상품의 가격 변동 정도를 나타내는 데 쓰입니다. 주식시장에서
는 변동 폭이나 변동성을 측정하는 지표 중 하나로 변동성 지수 VIX

Volatility Index를 활용하고 있습니다.

본 글의 목적은 복잡한 계산법을 배우기 위함이 아니라 데이터 분포와 퍼짐 정도에 대한 중요성을 이해함이 목적입니다. 이를 통해 팀을 보다 효과적으로 운영하고 데이터 기반의 전략을 수립하는 것의 중요성을 강조하는 데 있습니다. 그러므로 산포도를 나타내는 주요 지표들에 대한 기본적인 이해는 매우 유용합니다.

각 용어에 대하여 아래와 같이 간단히 정리하여 보았습니다.

① **범위**Range: 데이터 집합의 최댓값과 최솟값의 차이로, 데이터가 얼마나 넓게 퍼져 있는지를 간단히 보여주는 지표입니다.

② **사분위 간 범위**Interquartile Range **IQR**: 데이터를 순서대로 배열했을 때, 상위 25%와 하위 25% 사이의 데이터 분포를 나타내는 범위로 중앙값 주변의 데이터 분포를 설명합니다.

③ **분산**Variance: 데이터 값에서 평균을 뺀 후 그 차이를 제곱하여 합한 값들의 평균으로 데이터가 평균으로부터 얼마나 멀리 떨어져 있는지를 나타냅니다.

④ **표준편차**Standard Deviation **SD**: 분산의 제곱근으로 데이터 분포가 평균으로부터 얼마나 떨어져 있는지를 나타냅니다. 분산보다 해석하기 쉬운 단위를 제공합니다.

⑤ **편차**Deviation: 각 데이터 값에서 평균 또는 중앙값을 뺀 값으로 각 데이터가 중심값으로부터 얼마나 멀리 있는지를 나타냅니다.

이러한 지표들은 데이터의 흩어짐 정도를 이해하고, 데이터 분석 시 중요한 정보를 제공합니다. 데이터의 흩어짐 정도를 이해하기 위해 필자가 임의로 작성한 A쇼핑몰의 2022년도와 2023년도의 월별 매출액 예시를 통해 설명하겠습니다. A쇼핑몰의 월평균 매출액이 30억, 연 매출액이 360억 원으로 동일하지만 흩어짐의 정도는 확연히 다릅니다. 22년도 월별 흩어짐을 보면 범위가 6, 분산이 4, 표준편차가 2, 사분위 간 범위가 2.5로 나타났습니다. 이에 비해, 23년도의 경우는 범위가 36, 분산이 137.8, 표준편차가 11.7, 사분위 간 범위가 21로 나타나, 23년도의 매출액이 더 큰 흩어짐 정도를 보여주는 것을 알 수 있습니다. 이러한 흩어짐의 정도는 전략 수립에 있어 중요한 기준이 될 수 있습니다.

＊A쇼핑몰의 월 매출액(단위 : 억 원)

구분	1월	2월	3월	4월	5월	6월	7월	8월	9월	10월	11월	12월
2022년	27	33	2	28	29	31	30	29	31	33	27	30
2023년	20	40	21	39	18	17	42	43	33	27	48	12

이를 그래프로 그려보면 다음과 같습니다. 2023년도의 데이터를 관찰하였을 때, 흩어짐의 정도가 상당히 큰 변동을 보이고 있음을 확인할 수 있습니다. 변동성이 큰 이유로는 다양한 원인이 있을 수 있습니다. 이는 해당 기간 동안 각 월별로 인력 운영, 전략의 수립 및

실행, 그리고 내부 및 외부 환경의 변화를 면밀히 검토해볼 필요가 있음을 시사합니다. 흩어짐의 정도에 대하여 산정 방식에 따라 다양한 용어가 사용될 수 있겠지만 필자는 데이터의 흩어짐 정도를 설명할 때 '편차'라는 용어로 일원화하여 표현하고자 합니다.

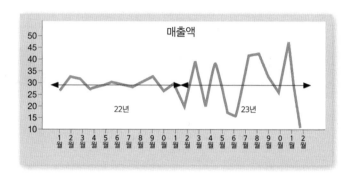

이제 평균값만을 기준으로 현상을 판단할 때의 위험성을 수륙양용 장갑차 일화를 통해 설명하겠습니다. 장갑차는 수심 3미터 이내에서만 기동 가능하며, 그 이상이면 기능을 상실한다고 가정하겠습니다. 한 지휘관이 '수심 평균 2미터'라는 표지를 보고 20대의 장갑차에 강을 건너라는 명령을 내렸지만, 모든 장갑차가 물속으로 가라앉았습니다. 문제는 평균 수심이 2미터였지만, 5미터인 지역도 있었다는 점입니다. 이는 편차를 고려하지 않은 결과였습니다. 이처럼 편차는 매우 중요한 요소로 전쟁터뿐만 아니라 기업 운영에도 큰 영향을 미칠 수 있습니다.

데이터를 해석할 때 편차, 즉 데이터의 흩어짐 정도를 살펴보는 습관이 중요합니다. 업무량, 고객 서비스 등의 지표에서 편차를 확인하고 이를 통해 문제점을 파악하며, 그에 따른 개선책을 마련하는 것이 필요합니다. "뭉치면 살고 흩어지면 죽는다"라는 말처럼, 편차를 최소화하여 팀이 직면한 어려움을 개선할 수 있습니다. 따라서, 데이터 분석과 해석 과정에서 편차를 주의 깊게 살펴보는 것이 중요합니다.

5 **성과 향상의 열쇠:**
_편차 축소_

　지금까지 우리는 중심경향성과 편차에 대해 논의해왔습니다. 특히 평균값이라는 중심경향성 대표 지표를 다룰 때는 편차를 고려하는 것이 중요함을 강조하였습니다. 편차에 대한 이해는 중요하기에 출근 시간을 예로 들어 설명하겠습니다. 평소 출근을 위해 이용하는 교통수단은 버스, 자가용, 그리고 전철이라고 가정해보겠습니다.

　버스 이용 시 평균 출근 시간은 45분이지만, 40분에서 60분까지 변동이 있습니다.

　택시 이용 시 평균 40분이지만, 30분에서 70분까지 변동이 있습니다.

전철 이용 시 평균 50분이지만, 45분에서 55분까지 변동이 있습니다.

이를 표로 정리하면 다음과 같습니다.

교통수단	최소	평균	최대	범위	표준편차
버스	40	45	60	20	8.5
택시	30	40	70	40	17.0
전철	45	50	55	10	4.1

여러분이라면 어느 교통수단을 이용하시겠습니까? 개개인의 선호도가 있겠지만, 저 개인적으로는 조금 더 걸리더라도 전철을 이용하는 편을 택하겠습니다. 이유는 전철이 일관성을 유지하며 편차가 작기 때문입니다. 편차가 작을수록 개선이 용이하고 예측 가능성이 높아집니다. 따라서 평균값과 함께 편차를 살펴보는 것은 다양한 문제점을 해결하고 개선책을 마련하는 데 있어 매우 중요합니다.

두 번째 사례를 보겠습니다. 마케팅에서는 4P 전략과 더불어 STP 전략을 중요한 개념 중 하나로 사용하고 있습니다. 4P는 제품Product, 가격Price, 판매촉진Promotion, 유통채널Place을 의미합니다. STP는 세분화Segmentation, 타깃 설정Targeting, 포지셔닝Positioning의 첫 글자를 따서 만든 약어입니다. 이 STP 전략은 시장을 세분화하고, 타깃을 설정하며, 포지셔닝을 결정하는 핵심 프로세스입니다. 시장을 구성하는 고객들을 그들의 특성에 따라 몇 개의 그룹으로 세분화하는 것이 첫 번째 과정입니다. 이를 통해, 유사한 특성을 가진 고객들을 동일한 그룹으로 묶어 세분화하고 다양한 세그먼트에 대해 더 깊이 이해할 기회를 갖게 됩니다.

유사한 특성을 가진 고객을 동일한 그룹으로 묶는다는 것이 편차가 적은 고객들로 그룹핑한다는 의미를 지닌다는 것입니다. 이는 생각이나 행동 양식이 유사한 고객들끼리 모여 있음을 시사합니다. 이러한 이해를 바탕으로 '어디에 타깃을 설정할지', '어떻게 포지셔닝할지'를 결정할 수 있게 됩니다. 편차가 유사한 고객끼리의 그룹핑은 개선의 기회가 더 많이 보인다는 점에서 의미가 깊습니다. 즉, 이러한 분석을 통해 기업은 자사의 제품이나 서비스를 더 많이 판매할 기회를 발굴할 수 있다는 것입니다. 이와 같은 STP 분석은 시장의 복잡성을 해소하고, 기업이 자원을 효율적으로 배분하며, 보다 효과적인 마케팅 전략을 수립할 수 있도록 돕습니다. 편차가 유사한 고객 그룹을 대상으로 한 전략은 더 높은 성공률을 기대할 수 있으며 시장에서의 경쟁 우위를 확보하는 데 중요한 요소가 될 수 있습니다.

조직 내부의 다양한 활동들을 봅시다. 예를 들어 직급별 간담회, 저성과자 육성 계획, MZ 세대와의 간담회 등은 근본적으로 유사한 편차를 가진 집단의 그룹핑에 해당합니다. 이러한 그룹핑을 통해 조직은 유사한 고민이나 발전 가능성을 지닌 직원들과 더욱 진솔하게 소통할 수 있습니다. 이를 통해 개인의 성장뿐만 아니라 조직 전체의 발전을 도모할 수 있습니다.

직원 평가 제도에 있어서도 전체 직원을 동일한 기준으로 평가하고 보상하는 방식에서 좀 더 진화된 평가 방식을 운영할 수도 있습니다. 예를 들어 직원들의 개별적 특성이나 성과를 고려하여 그룹화를 통한 차별화된 평가를 할 수도 있습니다. 이는 직원들을 다양한 기준에 따라 그룹화하고 각 그룹의 특성에 맞는 평가 기준을 적용함으로써 평가의 공정성을 높이고 직원 간의 갈등을 줄일 수 있음을 의미합니다. 물론 그룹핑을 통한 팀원 활동이나 평가 방식도 고민과 함께 개선방안을 모색하는 것이 중요합니다. 하지만 그보다 편차에 대한 이해를 하고 이를 축소하는 것이 우선이라 할 수 있습니다.

6

상관관계와 인과관계의
진실 탐구

상관관계와 인과관계는 종종 혼동되는 개념이지만, 이 둘 사이에는 명확한 차이가 있습니다. 두 개념을 정확히 구분하는 것은 연구설계, 데이터 분석, 일상생활에서의 판단 등 여러 분야에서 중요합니다. 상관관계는 두 변수 간의 관계를 나타내며 한 변수의 변화가 다른 변수와 일관된 패턴을 보일 때 존재한다고 말씀드릴 수 있습니다. 이는 변수 사이의 연관성의 정도를 나타내지만, 한 변수의 변화가 다른 변수의 변화를 유발한다고 주장할 수는 없습니다. 상관관계에는 양의 상관관계와 음의 상관관계가 있습니다. 양의 상관관계는 한 변수가 증가할 때 다른 변수도 증가하는 것을 말하며, 음의 상관관계는 한 변수가 증가할 때 다른 변수가 감소한다는 것을 의미합니다.

인과관계는 한 변수(원인)의 변화가 다른 변수(결과)의 변화를 유발한다는 것을 의미합니다. 인과관계를 확립하기 위해서는 두 변수 사이의 연관성을 넘어서, 원인 변수의 변화가 결과 변수의 변화를 직접적으로 초래한다는 것을 증명해야 합니다. 인과관계는 실험적 연구 설계를 통해 보다 확실하게 입증될 수 있습니다.

상관관계가 높은 두 변수 사이에서도 인과관계가 존재하지 않을 수 있습니다. 예를 들어 여름에 아이스크림 판매량과 수영장 사고 발생률이 둘 다 증가하는 상관관계를 관찰할 수 있습니다. 하지만 아이스크림 판매가 수영장 사고를 유발하는 것은 아닙니다. 이는 상관관계를 인과관계로 잘못 해석하는 오류라고 볼 수 있습니다. 이러한 오류는 가짜 상관관계로 이어질 수 있습니다. 이는 두 변수 사이의 관계가 우연히 발생하거나 온도라는 제3의 변수의 영향 때문일 수 있습니다.

한편 두 데이터 간 인과관계가 있을 경우에는 상관관계가 반드시 있습니다. 그래서 숫자와의 관계를 분석할 때는 우선 상관관계가 있는지 분석한 뒤 추가적으로 인과관계를 분석합니다. 인과관계를 분석하기 위해서는 잘 설계된 실험이나 연구가 필수적이며 제조업이 아닌 고객을 대상으로 하는 기업 등에서는 실험 설계를 통해 인과관계를 파악하기는 쉽지 않습니다. 이러한 경우 데이터 기반의 의사결정과 직관과 경험에 기반한 의사결정이 모두 필요합니다.

사례를 통해 상관관계와 인과관계를 살펴보겠습니다. 국내 연구 자료에 의하면 봄철 미세먼지 농도가 높아질 때 호흡기 질환자가 증가하는 상관관계를 관찰할 수 있었습니다. 이후 심도 있는 연구를 통해 미세먼지가 호흡기 질환을 유발할 수 있는 인과관계가 있음을 확인하였습니다. 외국 사례로는 커피 소비량과 수명의 연관성 관련 연구가 있습니다. 커피 소비량이 많은 사람들이 더 긴 수명을 가진다는 상관관계를 보고하였지만 이러한 관계가 커피 소비 자체의 인과관계 때문인지는 명확하지 않다고 합니다. 소셜 미디어 사용과 우울증 관련 사례에서는 소셜 미디어 사용 시간이 길어질수록 우울증이 높아지는 상관관계를 발견했으나 인과관계를 명확히 파악하기 위해서는 더 많은 연구가 필요하다고 합니다.

상관관계와 인과관계를 구분하는 것은 연구 결과의 해석과 결정을 내릴 때 중요한 역할을 합니다. 데이터를 해석하고, 연구 결과를 평가하며, 복잡한 세계를 이해하는 데 있어 이 두 개념의 올바른 이해는 필수적입니다.

7 추론 통계:
추론 통계:
— 샘플에서 전체를 읽다

추론 통계란 표본 데이터를 기반으로 모집단에 대한 결론을 내리거나 예측하는 데 사용됩니다. 이는 표본에서 얻은 정보를 사용하여 모집단에 대한 추정이나 가설 검정을 수행합니다. 추론 통계는 관측된 데이터를 통해 일반화된 결론을 도출하는 데 중점을 둡니다. 그러하기에 항상 오류의 가능성이 있습니다.

추론 통계의 주요 내용은 다음과 같습니다.

① **추정**: 모 평균이나 모 비율과 같은 모집단 매개변수의 추정치를 제공합니다. 이는 점 추정point estimation과 구간 추정interval estimation으로 나뉩니다.

② **가설 검정**: 데이터를 통해 특정 가설이 타당한지를 검증합니다. 예를 들어 A집단와 B집단 내 구성원들이 수십만 명이라 모든 구성원들의 신장을 측정할 수 없는 경우가 있다고 가정해봅시다. 이럴 경우 각각의 집단에서 표본을 추출하여 신장을 측정한 뒤 두 집단 간의 평균 차이가 유의미한지를 검정할 수 있습니다.

③ **회귀 분석**: 변수 간의 관계를 모델링하고 예측하는 데 사용됩니다. 예를 들어 하나의 변수가 다른 변수에 어떻게 영향을 미치는지를 분석할 수 있습니다.

여론조사를 예로 들면 모든 국민의 의견을 듣는 것이 이상적입니다. 하지만 시간과 비용의 제약으로 인해 모든 국민 대신 대표적인 표본의 의견을 듣고 이를 전체 국민의 의견으로 간주하는 과정이 바로 추론 통계의 일부입니다. 그러나 표본 추출은 지역별, 세대별, 성별, 직업별로 다양한 요소를 고려해야 합니다. 표본 추출 과정에서 오류가 발생하면 편향된 결과가 나올 수 있어 추론 통계의 정확한 수행이 쉽지 않습니다. 그럼에도 불구하고 올바르게 활용된다면 매우 강력한 도구가 될 수 있습니다. 기업에서는 시장 조사, 고객 분석, 생산성 향상, 품질 관리, 비즈니스 전략 수립 등 다양한 분야에서 추론 통계를 활용할 수 있습니다. 이를 통해 데이터에 기반한 의사결정을 더욱 정확하고 효과적으로 수행할 수 있으며 경쟁력을 강화할 수 있습니다.

그렇다면 팀장들이 이를 활용할 기회는 있을까요? 시장 조사, 고객 분석, 품질 관리 등 특정 분야에서 근무하지 않는 팀장의 경우 추론 통계를 활용할 기회는 제한적일 수 있습니다. 기업 내부 데이터를 활용하는 경우 대부분의 기업들은 기업 전체 데이터를 분석할 수 있는 기술이 있는 경우가 많아 추론 통계의 필요성이 상대적으로 줄어들 수 있습니다. 따라서 팀장들은 추론 통계의 기본 개념과 절차를 이해하시는 것만으로도 충분합니다. 추론 통계의 절차는 크게 표본 추출, 통계적 추론, 신뢰 구간 및 가설 검정으로 구성됩니다. 이 과정을 통해 모집단에 대한 유의미한 결론을 도출할 수 있습니다.

현실적으로 현장 실무 팀장 대부분은 주로 경험, 직관, 그리고 즉각적인 문제 해결에 의존하여 결정하는 경향이 많습니다. 대부분 복잡한 데이터 분석이나 통계적 추론보다는 실시간 정보와 직접적인 관찰에 더 큰 가치를 두고 있습니다. 이는 특히 소규모 팀이나 자원이 제한된 환경에서 더욱 두드러집니다. 이는 실무에서 요구되는 신속한 의사결정과 직면하는 문제의 독특한 성격 때문입니다. 즉 추론 통계의 복잡한 모델과 방법론이 실무에서는 사용되기가 어렵다는 점을 의미하기도 합니다. 추론 통계를 직접 활용하지 않는 팀장들께서는 개념 정도만 아셔도 많은 도움이 될 수 있습니다.

8 현장 팀장을 위한
추론 통계:

-필요한 최소한의 지식

　앞서 시장 조사, 고객 분석, 생산성 향상, 품질 관리, 비즈니스 전략 수립 등을 담당하고 있는 조직들이 추론 통계와 밀접한 관계를 맺고 있다고 언급하였습니다. 이외의 조직에서는 추론 통계를 거의 활용하지 않는다고도 했습니다. 그럼에도 불구하고 추론 통계를 활용하지 않는 조직이 알면 좋은 내용에 대하여 설명하고자 합니다. 이는 추론 통계에 대한 기본적인 이해가 상식 차원에서도 도움이 될 수 있음을 의미합니다.

　필자는 고객의 만족도 점수에 따라 평가를 받는 조직에서 수년간 근무한 적이 있었습니다. 즉 고객 서비스에 대한 불만족 비율이 높을수록 필자의 팀은 불이익을 받는 구조였습니다. 모든 고객의 만족도를 확인하여 평가를 하면 공정한 평가가 될 것입니다. 하지만 모든 고객을 대상으로 만족도 조사를 실시하는 것은 시간과 비용을 고려할 때 상당히 제한적입니다. 이런 이유로 표본 추출을 통해 고객을 선정하고 만족도 조사를 진행하는 방식을 취하게 됩니다. 따라서 표본 조사 결과가 조직 평가에 결정적인 영향을 미지게 됩니다.

표본조사를 통한 평가 과정에서는 여러 문제점이 발생할 수 있습니다. 우선 표본 추출입니다. 만약 표본 추출 자체가 잘못되었다면 어떨까요? 예를 들어, A회사와 B회사는 고객이 모두 백만 명이고 각각의 회사로부터 100명의 고객을 선정하여 만족도 조사를 실시했다고 가정해 봅시다. 조사 결과 A회사는 90점, B회사는 92점을 받았습니다. 이 결과만으로 B회사의 고객 만족도가 높다고 판단할 수 있을까요? 선정된 100명의 고객이 지역별, 연령대별로 고르게 선정된 것이 아니라 편향되게 선정되었다면 그 표본 조사 결괏값이 정확하다고 할 수 있을까요? 추론 통계에 대한 이해가 조금이라도 있다면 표본 추출이 정확히 이루어졌는지 고민하여야 할 것입니다.

또한 표본 추출이 적절하게 이루어졌다 하더라도 A회사와 B회사 간의 만족도 점수 차이가 통계적으로 유의미하지 않다면 두 회사 간의 서열을 매길 수 없게 됩니다. 즉 표본 추출 오류나 가설 검정 결과의 부적절한 해석 등으로 인해 잘못된 조직 순위 결정과 평가 오류를 초래할 수 있습니다. 조직은 평가 결과에 따라 보상을 받게 됩니다. 평가를 담당하는 관리자는 이러한 요소들을 신중하게 고려하여 평가를 진행해야 함을 의미합니다.

빅데이터가
열어주는
새로운 창

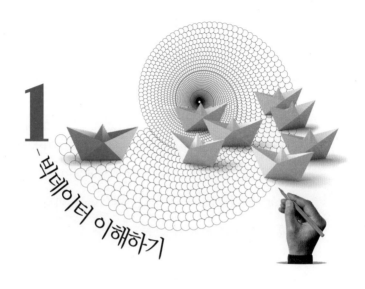

1
―빅데이터 이해하기

빅데이터Big Data란 전통적 데이터 처리 소프트웨어로는 다루기 어려울 정도로 크기가 크고 복잡한 데이터 집합을 의미합니다. 이 용어는 단순히 데이터의 양을 넘어서, 데이터의 다양성(형태와 소스의 다양성), 속도(데이터 생성 및 처리 속도), 정확성(데이터의 신뢰성과 정확성) 등을 포괄하는 개념입니다. 빅데이터는 사회, 경제, 과학의 다양한 분야에서 의사결정 지원, 트렌드 예측, 사용자 행동 분석, 신제품 개발 등에 활용되며 정보의 시대를 넘어 지식의 시대로 넘어가는 데 중요한 역할을 하고 있습니다.

빅데이터의 주요 특성은 다음과 같이 '3V'로 요약할 수 있습니다.

① **Volume(양):** 처리해야 하는 데이터의 양이 매우 크다는 것을 의미합니다. 이는 테라바이트에서 페타바이트, 심지어 엑사바이트에 이르는 데이터의 양을 말합니다.

② **Velocity(속도):** 데이터가 생성되고 수집되는 속도를 의미합니다. 실시간에 가까운 속도로 데이터가 생성되며 이를 신속하게 처리하고 분석할 수 있는 능력이 중요합니다.

③ **Variety(다양성):** 빅데이터는 텍스트, 이미지, 오디오, 비디오 등 다양한 형태의 데이터를 포함할 수 있으며 이들 데이터는 구조화되어 있지 않은 경우가 많습니다.

이외에도 Veracity(정확성)와 Value(가치)를 빅데이터의 추가적인 특성으로 보는 경우도 있습니다. Veracity는 수집된 데이터의 질과 정확성을 의미하며, Value는 데이터로부터 얻을 수 있는 실질적 가치를 의미합니다. 빅데이터 분석은 이러한 대규모 데이터 집합에서 유용한 정보를 추출하고, 숨겨진 패턴을 발견하여 기업이나 조직이 보다 정보에 기반한 의사결정을 할 수 있도록 합니다. 빅데이터 기술은 클라우드 컴퓨팅, IoT(사물 인터넷), 인공지능 등과 결합되어 사회 전반에 걸쳐 혁신을 가속화시키고 있습니다. 이를 통해 개인화된 서비스 제공, 공공 서비스의 효율성 향상, 과학 연구의 발전 등 다양한 분야에서 상당히 빠른 진보가 이루어지고 있습니다.

2
- 팀장을 위한 빅데이터 가이드

팀장이 빅데이터를 익혀야 하는 이유를 다음과 같은 관점에서 찾아볼 수 있습니다. 빅데이터는 단순히 정보량의 방대함을 벗어나 데이터 내에서 의미 있는 인사이트를 제공하며 이를 바탕으로 전략적 결정을 내리는 데 필수적인 도구이기 때문입니다. 이러한 이유로 빅데이터를 이해하는 것은 팀장에게 다음과 같은 이점을 제공합니다.

첫째, 의사결정 과정의 개선입니다. 빅데이터 분석을 통해 팀장은 고객의 행동 패턴, 시장의 변화, 경쟁사의 동향 등을 정확하게 이해할 수 있습니다. 이러한 분석을 바탕으로 한 의사결정은 직관이나 경험에만 의존하는 것보다 훨씬 더 정확하고 효과적일 수 있습니다. 예를 들어 고객 데이터를 분석함으로써 고객의 필요와 선호를 더 잘 파악할 수 있습니다. 그리고 이에 맞춘 제품이나 서비스를 개발할 수 있습니다.

둘째, 위험 관리 및 예측의 용이성입니다. 빅데이터 분석은 미래의 시장 트렌드를 예측하고 잠재적 위험을 사전에 식별하는 데 도움을 줍니다. 예를 들어 소셜 미디어 데이터 분석을 통해 소비자의 태도 변화를 초기에 감지하고 위기 상황을 예방하거나 대응 계획을 수립할 수 있습니다.

셋째, 효율성과 생산성의 증가입니다. 빅데이터 분석을 통해 운영 프로세스에서 비효율적인 부분을 확인할 수 있습니다. 이를 개선함으로써 전체적인 팀의 생산성을 향상시킬 수 있습니다. 예를 들어, 공급망 데이터를 분석하여 재고 수준을 최적화하고 납기 시간을 단축시킬 수 있습니다.

넷째, 혁신 촉진입니다. 빅데이터는 새로운 비즈니스 모델이나 제품 아이디어를 창출하는 데 필요한 인사이트를 제공할 수 있습니다. 데이터를 통해 새로운 시장 기회를 발견하거나 기존 제품을 개선하는 혁신을 이끌어낼 수 있습니다.

이러한 이유들로 인해 기업의 팀장이 빅데이터를 이해하는 것은 단순한 기술 습득을 넘어 조직 내에서 전략적 리더십을 발휘하고 기업의 경쟁력을 강화하는 데 중요한 역할을 합니다. 빅데이터의 활용은 비즈니스 환경이 빠르게 변화하는 현대 사회에서 성공적인 의사결정과 지속 가능한 성장을 위한 필수 요소가 되었습니다.

3 빅데이터의 세계:
다양한 분야에서의 응용 사례

빅데이터의 잠재력을 실제 비즈니스 상황에 어떻게 적용할 수 있는지 구체적인 사례를 통해 살펴보겠습니다. 이 사례들은 다양한 산업 분야에서 빅데이터 분석이 실질적인 가치를 어떻게 창출하고 있는지 보여줍니다.

고객 행동 분석을 통한 맞춤형 마케팅 전략◆

대형 소매업체는 빅데이터 분석을 활용하여 고객의 구매 이력, 온라인 행동 패턴, 소셜 미디어 활동 등을 분석합니다. 이를 통해 고객 세분화를 실시하고, 각 세그먼트별 맞춤형 마케팅 캠페인을 설계합니다. 예를 들어 특정 고객 그룹이 건강과 웰니스 제품에 높은 관심을 보이는 것을 발견하고 이들을 대상으로 한 특별 프로모션을 실행하여 매출 증대를 실현할 수 있습니다.

공급망 최적화 및 비용 절감◆

제조업체는 빅데이터 분석을 활용하여 공급망 전반의 효율성을 개선합니다. 생산, 재고, 배송 데이터를 실시간으로 분석함으로써 재고 과잉을 방지하고 배송 지연을 최소화합니다. 또한, 다양한 공급업체의 성능 데이터를 분석하여 최적의 공급업체를 선정하고 비용 효율적인 원자재 조달 전략을 수립할 수 있습니다.

의료 분야에서의 빅데이터 활용◆

동아ST(의약품 전문 기업)와 아주대 병원은 복합제 개발 과정에서 빅데이터 기술을 활용하였습니다. 처방전 및 약물 부작용 데이터 분석을 통해 약 개발 시 비용과 리스크를 줄이는 방법을 찾아냈습니다. 예를 들어 관절염 약과 소화제를 함께 처방하는 경우가 많은 것에 착안하여 복합제 개발에 착수하였으며 빅데이터를 통해 효과적인 약물 조합을 발견하여 개발 비용과 리스크를 최소화하였습니다.

세무 분야의 사기 방지를 위한 빅데이터 활용◆

미국 국세청은 사기 방지 솔루션 및 빅데이터 분석 기술을 도입하여 탈세 및 사기 범죄 방지 시스템에 활용하고 있습니다. 이 시스템을 통해 사기 범죄를 예측할 수 있습니다. 또한 소셜 네트워크 분석을 활용해 범죄 네트워크를 분석하고 탈세 및 사기를 방지하고 있습니다. 이러한 방법은 국내 금융 보험사가 충분히 활용할 수 있는 방법입니다.

핀테크 기업의 혁신적 신용평가 ♦

페이팔PayPal, 렌도Lenddo, 온덱Ondeck 같은 핀테크 기업들은 SNS 데이터와 전자상거래 데이터를 활용하여 고객의 신용도를 분석하고 있습니다. 이들은 전통적인 금융 정보 외에도 고객의 소셜 미디어 활동, 쇼핑 및 소비 패턴, 심지어 온라인상의 평판까지 분석하여 신용평가에 활용하고 있습니다.

신용평가 모델의 새로운 변수 도입 가능 ♦

크레디테크Kreditech는 페이스북, 이베이, 아마존에서의 사용자 행동 패턴을 분석하여 대출 승인 여부를 결정합니다. 예를 들어 대출 신청자들의 맞춤법 오류가 일어나는 빈도수와 대출 신청서를 얼마나 꼼꼼히 읽었는지 등을 신용 평가에 고려하고 있습니다. 이러한 새로운 평가 기준은 전통적인 신용 평가 방식과 대비되며 더 정교한 신용 평가 모델을 개발하는 데 기여하고 있습니다.

이러한 사례들은 빅데이터가 기존의 접근 방식을 어떻게 변화시키고 있는지를 보여줍니다. 의료 분야에서는 진단과 치료 과정의 효율성을 높이고 있습니다. 금융 분야에서는 개인의 신용 평가 방식을 혁신하여 더 많은 사람들에게 금융 서비스를 제공하는 기회를 확대하고 있습니다. 이러한 변화는 앞으로도 다양한 분야에서 빅데이터의 활용이 증가함에 따라 더욱 가속화될 것입니다.

4 빅데이터 소스
발견하기:
공공 데이터부터
전문 데이터 플랫폼까지

　마케팅 팀장으로서 구매자의 패턴을 알고 싶은가요? 영업팀장으로서 지역별 인구 추세를 확인하고 싶은가요? 교통사고 정책 수립 팀장으로서 교통사고 관련 데이터를 확인하고 싶은가요? 이 데이터를 어디서 얻을 수 있을까요? 여러분이 조금만 관심을 가지고 있다면 빅데이터는 어디서든 수집하고 활용할 수 있습니다. 빅데이터에 접근할 수 있는 사이트로는 공공데이터 포털, 마이크로 데이터 통합 서비스, 서울 열린 데이터 광장, SK 빅데이터 허브, 네이버 데이터 랩 등이 있습니다. 이들 사이트는 다양한 분야의 데이터를 제공하여 분석 목적에 맞게 활용할 수 있습니다. 위 사이트 중 두 개 사이트를 보겠습니다.

공공데이터 포털은 행정안전부에서 운영하는 정부기관 및 공공기관에서 보유하고 있는 데이터를 개방하여 누구나 쉽게 이용할 수 있도록 제공하는 플랫폼입니다. 2012년 문을 연 이래, 현재까지 약 30만 건이 넘는 데이터와 15,000여 개의 오픈 API^{Application Programming Interface}를 통해 국민 누구나 손쉽게 접근하고 활용할 수 있는 길을 마련했습니다. 참고로 API는 서로 다른 소프트웨어 간에 정보를 교환할 수 있도록 해주는 도구입니다. 이 플랫폼은 다양한 분야의 정보를 아우르며 필요한 데이터를 누구나 쉽게 찾아 사용할 수 있게 돕습니다.

공공데이터 포털은 상당히 광범위하게 데이터를 제공하고 있습니다. 공공행정부터 시작해 경제, 사회, 환경, 교통, 국토, 과학기술, 에너지에 이르기까지 우리 생활의 모든 측면을 포괄합니다. 정부 정책과 행정 정보, 경제 지표와 산업 동향, 인구 통계와 교육 정보, 환경오염과 기상 정보, 도로 및 대중교통 상황, 지적 정보와 토지 사용, 연구개발과 기술 혁신, 그리고 에너지 사용과 효율까지, 이 플랫폼은 다채로운 정보의 바다라고 할 수 있습니다.

이 데이터를 활용하는 방법 또한 무궁무진할 정도로 다양합니다. 개인적 관심사나 취미 생활에 필요한 데이터를 찾아내어 새로운 지식을 탐구하거나, 학업과 연구에 필요한 신뢰할 수 있는 자료로 활용할 수 있습니다. 또한 기업가와 사업가들은 시장 분석, 경쟁사 조사, 신사업 기회 발굴에 이 정보를 적극 활용함으로써 사업 전략을 수립하고 경쟁력을 강화할 수 있습니다. 정책 입안자와 사회 문제를 해결하고 싶은 자들은 이 데이터를 근거로 삼아 더욱 효과적인 정책을 수립하고 사회적 이슈에 대응할 수 있는 방안을 모색할 수 있습니다.

공공데이터 포털은 단순히 데이터를 제공하는 것을 넘어서고 있습니다. 정보의 힘을 모두에게 개방하고, 지식의 접근성을 높이며, 사회와 경제, 과학 기술 발전에 기여하는 중요한 역할을 하고 있습니다. 이는 개인의 성장과 학문의 발전, 기업의 혁신, 그리고 더 나은 사회를 만드는 데 큰 도움이 되고 있습니다.

네이버 데이터 랩은 네이버가 제공하는 빅데이터 분석 서비스입니다. 이 서비스를 통해 사용자들은 다양한 트렌드 데이터와 통계 정보를 간단하게 분석하고 시각화할 수 있습니다. 네이버 데이터 랩은 온라인 셀러, 브랜드 판매자, 쇼핑몰 MD 등 다양한 사용자가 트렌드를 파악하는 데 필수적인 도구로 활용되고 있습니다.

다음 화면은 필자가 네이버 데이터 랩을 통해 확인한 국내 중국 음식점에 대한 검색어 트렌드입니다.

아래 위로 나타난 그래프는 검색어 빈도수이며, 최다 검색량을 100으로 했을 때의 상대적인 변화입니다. 해당 그래프는 필자가 2021년 1월 1일부터 2023년 12월 31일까지 기간을 설정하여 중국

집에 대한 검색 빈도수를 확인한 자료입니다.

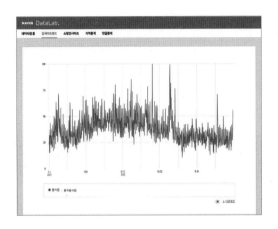

팀장은 이 화면을 통해 해석을 할 수 있어야 합니다. 2023년 1월부터 검색 빈도수가 낮아지고 있으며 편차도 그리 크지 않음을 확인할 수 있을 것입니다. 이를 통해 여러분은 중국 음식에 대한 선호도가 떨어졌다는 것을 추정할 수 있을 것이고 그 원인도 찾아볼 수 있을 것입니다. 더 자세하게 분석하고자 한다면 이를 엑셀로 다운로드해볼 수도 있습니다.

빅데이터는 여러분 곁에 있습니다. 조금만 더 관심을 가지고 살펴보시기 바랍니다. 이러한 사례들은 데이터 기반 의사결정을 통해 비즈니스 성과를 향상시키고, 고객 만족도를 높이며 경쟁 우위를 확보하는 데 도움이 될 수 있습니다.

5

빅데이터를 실무적으로
배우고 싶어 하는 팀장에게

여러분이 빅데이터를 생성하는 기술에 대하여 직접 학습할 수도 있습니다. 하지만 팀장은 주변에 이미 구축된 빅데이터를 어떻게 효과적으로 활용할 수 있을지가 더 중요하다고 생각합니다. 현장에서는 직접적인 경험과 문제 해결 능력이 훨씬 중요할 수 있기 때문입니다. 실제 비즈니스 상황에서는 예측 불가능한 요소들이 많이 작용합니다. 팀원들의 협업과 창의적 사고를 장려하는 리더십과 전략적 의사결정 능력이 더 중요할 수 있습니다. 때로는 빅데이터 기술 자체를 배우는 것보다는 생성된 빅데이터가 어느 사이트에 있으며 이를 가공하는 방법은 어떠한지에 대한 수준의 지식만 갖춰도 충분할 수도 있습니다. 팀장은 팀과 조직의 목표 달성을 위해 빅데이터를 어떻게 효과적으로 적용할 수 있을지에 대한 접근이 필요합니다.

만일 빅데이터에 대하여 실무적으로 학습을 하겠다는 팀장이 있다면 아래의 방법을 통해 학습하시기를 추천합니다. 빅데이터 학습 기관은 인터넷 검색을 통해 언제든 찾으실 수 있습니다. 코세라Coursera, edX, 유다시티Udacity와 같은 온라인 플랫폼에서는 빅데이터 관련 코스를 제공하여 기초부터 고급 기술까지 배울 수 있는 기회를 제공합니다. '데이터 과학 입문', '빅데이터 분석 기초'와 같은 빅데이터 관련 서적을 읽는 것도 기본 개념과 기술을 이해하는 데 도움이 됩니다. 캐글Kaggle과 같은 플랫폼에서 데이터 분석 경진대회에 참여하거나 실제 업무 데이터를 활용한 프로젝트를 진행하는 것도 좋은 방법입니다. 깃허브GitHub, 스택 오버플로우Stack Overflow, 링크드인LinkedIn 등 빅데이터 관련 커뮤니티에 참여하여 지식을 공유하고 네트워킹하는 것도 유익합니다. 마지막으로 워크숍 및 세미나에 참석하여 빅데이터 기술과 도구에 대한 최신 트렌드와 사례를 학습하는 것도 추천합니다. 이러한 방법을 통해 팀장은 빅데이터 분석의 기본적인 이해를 넘어 실제 비즈니스 문제 해결에 필요한 실질적인 기술을 습득할 수 있습니다.

6 성공으로 이끄는
데이터:

– 의사결정의 실제 사례들

넷플릭스^{Netflix}의 데이터 기반 의사결정 사례♦

넷플릭스는 설립 초기부터 데이터를 기반으로 한 의사결정을 중요시하였습니다. 특히 2007년 스트리밍 서비스를 시작하며 이러한 전략이 강화되었습니다. 스트리밍 서비스 도입으로 얻은 사용자의 시청 패턴과 선호도 등의 방대한 데이터는 넷플릭스에게 개인 맞춤형 콘텐츠 추천이라는 핵심 경쟁력을 제공했습니다. 2006년에는 '넷플릭스 프라이즈' 대회를 통해 전 세계 연구자들을 대상으로 영화 추천 알고리즘을 10% 이상 개선할 새로운 방법을 모색하였습니다. 그 결과 2009년에 큰 성과를 거두며 넷플릭스의 추천 시스템을 한 단계 업그레이드하였습니다. 이 초기 노력은 넷플릭스의 데이터 기반 의사결정 문화를 확립하는 데 중추적인 역할을 하여 스트리밍 확장과 함께 넷플릭스를 업계 선두로 이끌었습니다.

이 데이터 기반 접근법은 넷플릭스가 사용자 경험을 혁신적으로 개선하고 구독자 기반을 확대하는 데 크게 기여했습니다. 또한 넷플릭스는 이를 통해 어떤 콘텐츠가 성공할지 예측하고 그에 기반해 자체 오리지널 콘텐츠의 투자와 제작 결정을 내렸습니다. 넷플릭스의 전략적 의사결정에 있어 데이터와 숫자 기반 분석의 중요성은 사용자 경험 개선, 시장 경쟁력 강화, 성공적인 비즈니스 전략 수립에 필수적인 요소임을 입증하고 있습니다.

아마존Amazon 동적 가격 책정 전략 사례◆

아마존이 시행하는 동적 가격 책정 전략은 기업이 숫자를 얼마나 중요시해야 하는지를 보여주는 또 다른 좋은 사례입니다. 이 전략은 시장 수요, 경쟁자의 가격, 재고 상황 등을 실시간으로 분석해 가격을 조정하는 데 데이터 분석과 알고리즘을 적극적으로 활용합니다.

2000년대 초, 아마존은 온라인 소매 분야에서 데이터와 기술을 이용한 혁신을 주도해왔습니다. 소비자의 구매 패턴, 시장의 수요, 경쟁사의 가격 정책 등을 실시간으로 파악해 가격을 조정하는 전략을 채택했습니다. 이 동적 가격 책정 전략은 아마존에게 재고 관리의 효율성, 수익의 최적화, 경쟁력 있는 가격 설정이라는 다양한 이점을 제공하여 온라인 시장에서의 우위를 확립하는 데 크게 기여하고 있습니다.

시간이 지나 이 전략은 빅데이터와 인공지능(AI) 기술의 발전으로 더욱 발전했고, 정확하고 효율적인 가격 조정이 가능해졌습니다. 현재 아마존은 하루에도 수차례 수천만 개의 제품 가격을 조정하며 이를 통해 수익성을 극대화하고 있습니다. 이 과정에서 소비자에게는 더 나은 가격을 제공하며 시장의 변화에 신속하게 대응하고 있습니다. 또한 소비자의 구매 성향을 분석해 맞춤형 프로모션과 할인을 제공함으로써 고객 만족도를 높이고 경쟁사와의 차별화를 이루고 있습니다.

아마존의 동적 가격 책정 전략은 현대 비즈니스 환경에서 숫자와 데이터 분석의 중요성을 강조하는 뛰어난 예시로 기업의 성공을 위한 핵심 요소임을 잘 보여주고 있습니다.

팀장을
위한
회계 가이드

1
팀장은 왜 회계 지식을 갖춰야 하는가?

회계는 단순히 숫자를 다루는 것 이상의 의미를 가지고 있습니다. 이는 조직의 재정 상태를 파악하고 효율적인 의사결정을 내리는 데 필수적인 도구입니다. 회계 지식이 팀장에게 왜 중요한지 그리고 회계가 실제 업무에 어떻게 적용될 수 있는지에 대해 소개하고자 합니다.

재정 상태의 이해◆

회계는 조직의 재정 상태를 정확히 파악할 수 있는 기초를 제공합니다. 수익과 비용, 자산과 부채 등의 회계 정보는 조직의 재정 건전성을 평가하는 데 중요합니다. 현장 팀장으로서 이러한 정보를 이해하는 것은 예산 배정, 비용 관리 등의 업무를 효과적으로 수행하기 위해 필수적입니다.

의사결정의 기초◆

회계 정보는 조직 내의 다양한 의사결정 과정에서 중요한 기초 자료로 활용됩니다. 예를 들어, 새로운 프로젝트의 타당성을 평가하거나, 자원을 어디에 할당할지 결정할 때 회계 정보는 매우 중요한 역할을 합니다. 이를 통해 보다 합리적이고 효율적인 결정을 내릴 수 있습니다.

투명성과 책임성 강화◆

회계는 투명성과 책임성을 강화하는 데에도 중요한 역할을 합니다. 정확한 회계 기록은 조직 내외부 이해관계자들에게 신뢰를 제공하며, 재정적 오류나 부정을 방지하는 데 중요한 도구가 됩니다. 이는 팀장으로서의 관리하는 프로젝트나 부서의 신뢰도를 높이는 데 기여합니다.

비용 효율성과 수익성 분석◆

회계 지식은 비용 효율성을 평가하고 수익성을 분석하는 데 중요합니다. 예산을 설정하고, 비용을 관리하며, 투자의 수익성을 분석하는 과정에서 회계 정보는 핵심적인 역할을 합니다. 이러한 분석을 통해 팀장은 자원을 보다 효과적으로 배분하고, 수익을 극대화할 수 있는 전략을 수립할 수 있습니다.

결론적으로, 팀장이 회계의 기본 지식을 익히는 것은 단순한 숫자 이해를 넘어섭니다. 이는 조직의 재정 건전성을 유지하고, 효과적인 의사결정을 내리며, 프로젝트와 부서의 투명성과 책임성을 강화하는 데 필수적입니다. 따라서 회계의 기본 원리를 이해하고 이를 일상 업무에 적극적으로 적용하는 것은 팀장으로서 성공을 위한 중요한 첫 걸음이 될 것입니다.

팀장에게 요구되는 회계 수준은 회계사가 요구하는 수준이 아닙니다. 필자는 사칙연산만 가능하면 이해할 수 있도록 글을 적었습니다. 회계를 한 번도 접하지 않은 팀장이라도 이 글을 읽고 나면 조직 내에서 더욱 가치 있는 리더로 성장할 수 있을 것입니다. 회계는 단순한 숫자의 세계가 아니라 조직의 성공을 이끄는 강력한 도구입니다.

2

기본 구성 요소 탐색하기

재무제표는 기업의 재무 상태와 경영 성과, 현금 흐름 등을 보여
주는 공식 문서입니다. 주로 다음과 같이 네 가지로 구성됩니다.

① **재무상태표**(대차대조표): 특정 시점에서 기업의 자산, 부채, 자본
을 보여줍니다. 이는 기업의 재무 상태를 한눈에 파악할 수 있
게 해줍니다.

② **손익계산서**(결과보고서): 특정 기간 동안의 기업 수익과 비용을
보여줍니다. 이를 통해 기업의 경영 성과를 평가할 수 있습니다.

③ **현금흐름표**: 특정 기간 동안 현금이 어떻게 유입되고 유출되었

는지 보여줍니다. 운영 활동, 투자 활동, 재무 활동으로 구분되며 기업의 현금 흐름 상태를 이해하는 데 도움이 됩니다.

④ **자본변동표**: 특정 기간 동안 기업의 자본 구성 요소가 어떻게 변화했는지 보여줍니다.

우리나라는 2011년부터 한국채택국제회계기준K-IFRS을 도입하고 적용하기 시작했습니다. K-IFRS는 국제적으로 통용되는 IFRSInternational Financial Reporting Standards를 기반으로 한국의 실정에 맞게 조정한 회계 기준입니다. GAAPGenerally Accepted Accounting Principles에서 IFRS로의 전환은 다음과 같은 여러 가지 이유에서 시작되었습니다. 회계에서는 IFRS를 원칙중심 회계, GAAP을 규칙중심 회계라고도 합니다.

① **글로벌 통합**: 세계화 시대에 다국적 기업들과의 거래가 증가하면서 국제적으로 통용되는 회계 기준의 필요성이 대두되었습니다. IFRS 도입은 글로벌 비즈니스 환경에서의 투명성과 비교 가능성을 높이기 위한 조치였습니다.

② **투자 유치**: IFRS는 투자자들에게 더 명확하고 일관된 재무 정보를 제공합니다. 이는 국내 기업들이 국제 자본 시장에서 자금을 조달하는 데 유리하게 작용될 수 있습니다.

③ **효율성 증대**: 다양한 국가의 회계 기준에 맞춰 재무제표를 다시

작성하는 번거로움을 줄이고 국제 비즈니스에서의 효율성을 증대시키기 위해 IFRS를 도입하였습니다.

도입 과정 초기 기업들은 IFRS 기준에 맞춰 회계 시스템을 개편하고 직원들을 교육하는 등 많은 노력을 기울여야 했습니다. 하지만 이러한 노력은 국제적으로 인정받고 있는 재무 정보를 제공함으로써 결국 기업 가치를 높이는 결과를 가져왔습니다.

IFRS와 기존 GAAP의 차이를 예를 들면서 간단히 설명하겠습니다.

손상차손 인식과 측정◆

① **IFRS**: 과거 회사 A가 기계를 100만 원에 구매하였는데 시간이 지나 기계의 가치가 70만 원으로 떨어졌다고 가정해봅시다. IFRS에서는 경제적 실질을 중시하기 때문에 현재 기계의 가치(70만 원)를 재무제표에 반영하도록 합니다. 즉 30만 원의 손상차손을 인식합니다.

② **GAAP**: 동일한 상황에서 GAAP은 기계의 구매 가격(100만 원)을 재무제표상에 계속 보여주도록 요구할 수 있습니다. 손실이 확정되기 전까지는 가치 하락을 재무제표에 반영하지 않을 수 있습니다.

연결재무제표 작성✦

① **IFRS**: 회사 B가 자회사 C의 100% 지분을 보유하고 있고, 자회사 C가 50만 원의 이익을 냈다고 가정해봅시다. IFRS에서는 회사 B와 자회사 C의 재무 성과를 합쳐서 보고하도록 요구합니다. 따라서 연결재무제표상의 총이익은 회사 B의 이익과 자회사 C의 이익을 합친 금액이 됩니다.

② **GAAP**: 동일한 상황에서 GAAP은 경우에 따라 회사 B가 자회사 C의 이익을 별도로 보고하도록 요구할 수 있습니다. 이는 연결재무제표를 작성할 때 모든 자회사의 이익을 합치는 것보다는 각 회사의 재무 성과를 개별적으로 보여주는 방식입니다.

IFRS(원칙중심 회계)가 경제적 실질을 중시하고 회계담당자의 판단에 더 많은 재량을 부여하고 있습니다. 반면, GAAP(규칙중심 회계)은 보다 구체적이고 세밀한 규칙에 따라 회계 처리를 요구하고 있습니다. 이런 이유로 IFRS에서는 경리 담당자나 경영자는 자의적으로 판단할 여지가 있을 가능성도 있습니다. 이를 방지하기 위해 주석 공시사항을 대폭 확대하여 자의적인 작성을 최대한 방지하고 있습니다. 또한 자의적 판단을 방지하기 위한 논의가 계속되고 있으며 수정 보완 되고 있는 상황입니다.

3 재무제표 살펴보기:
종류별 사례 분석

　아래 표는 필자가 이해를 돕기 위해 가상의 상황을 가정하여 작성한 재무제표입니다. 사례를 통해 손익계산서, 재무상태표(대차대조표), 현금흐름표를 살펴보겠습니다.

손익계산서 ✦

　손익계산서는 기업이 특정 기간 동안 얼마나 수익을 창출했고, 얼마의 비용이 발생했는지를 보여주는 재무제표입니다. 이를 통해 기업의 순이익 또는 순손실을 알 수 있습니다.

항목	금액(백만 원)
매출	1,000
매출원가	-600
매출총이익	400
영업비용	-200
영업이익	200
기타수익	50
기타비용	-30
당기순이익	220

재무상태표(대차대조표)◆

재무상태표는 특정 시점에서 기업의 자산, 부채, 자본의 상태를 보여주는 재무제표입니다. 자산 = 부채 + 자본의 방정식으로 표현됩니다.

구분	항목	금액(백만 원)
자산	현금	100
	매출채권	200
	재고자산	150
	총자산	450
부채	단기차입금	100
	총부채	100
자본	자본금	200
	이익잉여금	150 (전기 이익잉여금 130 + 당기순이익 220 − 배당금 200)
	총자본	350

현금흐름표◆

현금흐름표는 특정 기간 동안 기업의 현금 유입과 유출을 보여주는 재무제표입니다. 운영활동, 투자활동, 재무활동으로 구분됩니다.

항목	금액(백만 원)
운영활동으로 인한 현금흐름	220
투자활동으로 인한 현금흐름	-50
재무활동으로 인한 현금흐름	-70
현금증가액	100
기초현금	0
기말현금	100

이러한 재무제표들은 기업의 수익성, 재무상태 그리고 현금 흐름 상태를 평가하는 데 필수적인 도구입니다. 이러한 표들은 금융감독원의 전자공시시스템DART에 접속하면 확인할 수 있습니다. 누구나 검색 사이트에서 '다트'를 입력하고 검색하면 상장 기업들의 재무제표를 확인할 수 있습니다.

4 재무제표 간 연결성:
-숨겨진 관계를 파헤치다

전 장에서 소개한 손익계산서, 재무상태표(대차대조표), 그리고 현금흐름표 내 수치를 통해 재무제표 간의 관계를 설명하겠습니다.

손익계산서와 재무상태표(대차대조표)의 관계

손익계산서에서 계산된 당기순이익(220백만 원)은 기업의 수익성을 나타냅니다. 이 순이익은 재무상태표의 자본 부분 내 이익잉여금 항목에 영향을 줍니다. 즉, 당기순이익은 기업이 그 기간 동안 벌어들인 순수익으로 이익잉여금에 추가되어 자본 총액을 증가시킵니다.

이 예시에서 이익잉여금의 최종 금액(150백만 원)은 이전 기간의 누적 이익잉여금(130백만 원)에 이번 기간의 당기순이익(220백만 원)을 더하고 배당금(200백만 원)을 차감한 결과입니다. 이 과정을 통해 손익계산서는 재무상태표의 자본 변화에 직접적인 영향을 미칩니다.

손익계산서와 현금흐름표의 관계 ◆

손익계산서의 당기순이익은 현금흐름표에 영향을 끼칩니다. 현금흐름표에서 운영활동으로 인한 현금흐름은 기업의 운영으로부터 생성된 순현금을 나타냅니다. 이 금액은 손익계산서의 당기순이익을 기반으로 하며 여기에 운영 활동에서 발생한 실제 현금 유입과 유출의 조정이 반영됩니다. 현실적으로 순이익이 높더라도 운영 자본의 변화가 크면 실제 현금흐름은 예상보다 낮을 수 있습니다. 특히 장기 투자나 큰 규모의 재고 변동이 있을 경우 더욱 그렇습니다. 그럼에도 손익계산서와 현금흐름표는 함께 살펴볼 필요가 있습니다.

재무상태표와 현금흐름표의 관계 ◆

현금흐름표는 운영활동, 투자활동, 재무활동으로부터의 현금 유입과 유출을 통해 현금의 증가액을 보여주며, 이 증가액은 재무상태표의 현금 항목에 직접적으로 반영됩니다. 예를 들어, 현금흐름표에서 계산된 기말 현금(100백만 원)은 재무상태표에서 보고된 현금의 최종 금액과 일치해야 합니다.

이처럼 손익계산서, 재무상태표, 현금흐름표는 서로 긴밀하게 연결되어 있으며, 기업의 재무 상태, 수익성, 그리고 현금 흐름을 종합적으로 이해하는 데 필수적인 정보를 제공합니다.

5
손익계산서의 발생주의

손익계산서는 발생주의 원칙accounting principle을 따르는데, 이 원칙을 따르기 위해서는 주의해야 할 사항들이 많습니다. 팀장이라면 알아야 할 내용 중심으로 발생주의 원칙을 아래와 같이 소개합니다.

발생주의 원칙이란?◆

발생주의 원칙Accounting Principle은 회계에서 수익과 비용을 그 발생 시점에 인식하는 방법을 말합니다. 이 원칙의 핵심은 실제 현금의 흐름과는 별개로 거래가 발생한 시점에 수익과 비용을 기록함으로써 해당 기간의 재무 성과와 재정 상태를 보다 정확하게 반영하는 데 있습니다.

발생주의를 선택한 이유는?◆

발생주의 회계가 선택된 주된 이유는 기업의 재무 성과와 재정 상태를 보다 실제적이고 정확하게 반영하기 위함입니다. 현금주의 회계에서는 현금이 실제로 입출금 될 때만 수익과 비용을 인식하므로 기업의 재무 상태가 왜곡될 수 있습니다. 예를 들어 상품을 판매하고 대금을 나중에 받기로 한 경우 현금주의에서는 대금을 실제로 받는 시점에만 수익을 인식하지만 발생주의에서는 상품이 판매된 시점에 수익을 인식하여 기업의 실제 경영 성과를 더 정확하게 반영합니다.

발생주의 사례◆

예를 들어, A회사가 2020년 12월에 상품을 판매하였으나, 고객이 2021년 1월에 대금을 지불하기로 한 경우를 가정해보겠습니다. 발생주의 회계에서는 2020년 12월에 상품 판매와 관련된 수익을 인식합니다. 이는 실제 현금 수입은 2021년에 이루어지더라도 수익을 발생시킨 기간에 수익을 기록함으로써 해당 기간의 재무 성과를 정확하게 반영하기 위함입니다.

6

—발생주의 회계 사용 시 주의점과 대책

발생주의 회계를 사용할 때는 다음과 같은 주의점이 있습니다.

① **추정과 판단의 필요성:** 발생주의 회계는 수익과 비용의 인식 시
　점을 결정하기 위해 상당한 추정과 판단을 필요로 합니다. 이
　는 회계 처리에 주관성이 개입될 여지가 있습니다.

이와 관련하여 대손충당금 설정을 예로 들어보겠습니다.
기업이 고객에게 상품이나 서비스를 제공하고 매출채권(고객으로
부터 받을 돈)을 기록할 때 일부 고객은 미래에 대금을 지불하지 못할

가능성이 있습니다. 이 경우 기업은 실제로 얼마나 많은 매출채권이 회수 불가능할지를 추정해야 하며, 이를 기반으로 대손충당금Bad Debt Expense을 설정합니다.

예를 들어, A회사는 연말에 매출채권이 1억 원이 있다고 가정해 봅시다. 과거 데이터와 업계 평균, 경제 상황 등을 고려할 때, A회사는 일반적으로 매출채권의 5%가 회수 불가능할 것으로 추정합니다. 이에 따라 A회사는 5백만 원(1억 원의 5%)을 대손충당금으로 설정하고 이 금액을 비용으로 인식합니다. 이 과정에서 회계 담당자는 여러 가지 불확실한 요소를 고려하여 판단을 내려야 하기 때문에 회계 처리에 주관성이 개입될 가능성이 있습니다. 이러한 사례에서 볼 수 있듯이 발생주의 회계에서는 미래에 대한 불확실성을 고려한 추정이 동반됩니다. 이러한 추정은 회계 기준과 가이드라인에 따라 수행되어야 하지만 개별 기업의 상황, 과거 경험, 시장 상황 등을 고려해야 하므로 주관적 판단이 개입될 가능성이 높음을 의미합니다.

② **복잡성**: 발생주의 회계는 현금주의 회계에 비해 복잡하며 회계 처리 과정에서 더 많은 시간과 노력이 요구될 수 있습니다.

③ **수익 인식의 불확실성**: 미래에 대금을 받지 못할 위험이 있는 경우에도 수익을 인식해야 하므로 부실 계좌의 위험을 적절히 관리해야 합니다.

발생주의 회계는 기업의 재무 상태와 성과를 정확히 반영하는 데 도움이 되지만 적절한 주의가 필요한 복잡한 시스템입니다. 회계 정책의 선택과 적용에 있어서는 전문적인 지식과 신중한 판단이 요구됩니다.

위에서 언급한 주의점에 대한 대책은 다음과 같습니다.

① **강화된 내부 통제 및 감사 메커니즘**: 회계 처리의 정확성을 보장하고 재무 보고의 신뢰성을 높이기 위해 내부 통제 시스템을 강화하고 정기적으로 내부 및 외부 감사를 실시해야 합니다. 이는 잠재적인 오류나 부정을 사전에 발견하고 예방하는 것이 중요합니다.

② **보수적인 회계 추정과 정책**: 수익 인식과 비용 발생 시 추정이 필요한 경우 보수적인 접근을 취하여 과대평가되지 않도록 합니다. 예를 들어 불확실한 수익은 인식을 지연시키고 잠재적 비용이나 손실에 대해서는 적극적으로 충당금을 설정하는 등의 조치를 취할 수 있습니다.

③ **상세한 회계 기록과 문서화**: 발생주의 원칙에 따른 모든 회계 거래는 상세하게 기록하고 적절히 문서화해야 합니다. 이는 나중에 검토나 감사 시 정확한 근거를 제공하며 회계 처리의 투명성을 높입니다.

④ **윤리적인 회계 관행의 준수**: 회계 전문가들은 높은 윤리적 기준

을 유지하여야 합니다. 주관적 판단이 개입되는 경우에도 공정하고 객관적인 기준에 따라야 합니다. 이는 회계 정보의 신뢰성을 높이는 데 중요한 역할을 합니다.

⑤ **지속적인 교육과 전문 지식의 강화**: 회계 기준과 규정은 지속적으로 변화하므로 회계 담당자는 최신 회계 기준에 대한 교육을 정기적으로 받고 전문 지식을 업그레이드해야 합니다. 이를 통해 복잡한 회계 상황을 적절히 처리할 수 있는 능력을 구비하여야 합니다.

발생주의 회계 원칙에 따른 위험을 관리하고 대응하는 것은 정확하고 신뢰할 수 있는 재무 보고를 위해 필수적입니다. 위와 같은 대책을 통해 기업은 재무 보고의 정확성과 신뢰성을 유지하며, 재무 성과를 효과적으로 관리할 수 있습니다.

7
손익계산서 분석 시
주목해야 할 내용들

손익계산서를 해석하고 분석할 때 주의해야 할 몇 가지 중요한 내용들은 다음과 같습니다. 이는 회계와 관련되지 않은 팀장들에게는 다소 생소할 수도 있겠지만 익혀두면 유용하게 활용될 수 있습니다.

비경상적 항목의 식별◆

손익계산서에는 일반적인 운영 활동과는 별개로 일회성 이벤트나 비정상적인 활동에서 발생한 수익과 비용이 포함될 수 있습니다. 이러한 비경상적 항목(예: 자산 매각으로 인한 이익, 대규모 구조조정 비용 등)은 기업의 지속 가능한 수익성을 평가할 때는 제외될 수 있습니다.

영업이익과 순이익의 차이 이해✦

영업이익은 기업의 주요 사업 활동에서 발생한 이익을 나타내며 순이익은 영업 외 활동을 포함한 전체 활동에서 발생한 순수익을 의미합니다. 영입이익과 순이익 사이의 차이를 이해하고 영업 외 수익과 비용이 기업 수익성에 미치는 영향을 분석하는 것이 중요합니다.

매출원가와 영업비용(판매 및 일반관리비)의 분석✦

매출원가는 상품이나 서비스를 판매하기 위해 직접 발생한 비용을 의미하며 영업비용은 기업 운영에 필요한 간접비용을 포함합니다. 매출원가와 영업비용의 변화를 면밀히 분석하여 비용 효율성과 운영 효율성을 평가해야 합니다.

비율 분석 활용✦

수익성 비율(예: 영업이익률, 순이익률), 활동성 비율(예: 재고 회전율, 매출채권 회전율) 등 다양한 재무 비율을 계산하여 기업의 재무 성과를 보다 깊이 있게 분석할 수 있습니다. 이러한 비율들은 시간에 따른 추세 분석이나 업계 내 다른 기업들과의 비교 분석에 유용합니다.

정기적인 분석✦

손익계산서는 단기 성과만을 보여주므로 장기적 관점에서 기업의 성과를 평가하기 위해서는 정기적으로 분석하는 것이 중요합니다.

시간에 따른 추세 분석을 통해 기업의 성장성, 수익성, 비용 구조의 변화를 평가할 수 있습니다. 손익계산서를 분석할 때 이러한 점들을 주의 깊게 고려하면 기업의 재무 건전성과 수익 창출 능력을 보다 정확하게 평가할 수 있습니다.

8 회계의 다양한 얼굴:
–재무, 관리, 세무회계 비교하기

재무회계, 관리회계, 세무회계는 회계의 주요 분야로 서로 다른 목적과 대상을 가지고 있습니다. 각 분야의 기본적인 개념과 예시를 통해 차이점을 설명하겠습니다.

재무회계 Financial Accounting♦

재무회계는 외부 이해관계자들에게 회사의 재무 상태와 성과를 보고하기 위한 회계입니다. 이러한 보고는 일반적으로 재무제표 형태로 이루어지며, 기업의 이익, 자산, 부채 등을 정확하고 공정하게 표현하는 데 초점을 맞춥니다. 재무회계는 주로 투자자, 채권자, 규제 기관 등 외부 이해관계자들을 대상으로 합니다.

삼성전자가 연말에 주주들에게 배포하는 재무제표는 재무회계의 한 예입니다. 이 재무제표에는 손익계산서, 재무상태표, 현금흐름표 등이 포함되어 있으며 이는 회사의 재무 성과와 상태를 나타냅니다.

관리회계 Managerial Accounting ◆

관리회계는 내부 관리자들이 의사결정을 내리는 데 도움을 주기 위해 설계된 회계입니다. 이는 재무 데이터뿐만 아니라 비재무적 정보도 포함할 수 있습니다. 특정 사업부의 성과 분석, 예산 수립, 비용 관리 등에 초점을 맞춥니다. 관리회계는 내부적인 의사결정 과정을 지원하기 위해 사용되므로 외부 공개의 필요성이 없습니다.

예를 들어 삼성전자 사업부 임원이 다가오는 분기의 예산을 계획하면서 사업부의 수익성 분석을 실시하는 경우 이는 관리회계의 한 예입니다. 관리자는 이 정보를 사용하여 비용 절감 기회를 식별하거나 투자 우선순위를 결정할 수 있습니다. 대부분의 회사는 연초 전략회의를 할 경우 사업부별 실적을 공유하면서 전략을 발표합니다. 이때 활용되는 회계가 관리회계라고 보면 됩니다.

세무회계 Tax Accounting ◆

세무회계는 세법에 따른 세금 보고와 납부에 초점을 맞춘 회계 분야입니다. 이는 기업이나 개인이 세법을 준수하면서 최적의 세금 전략을 수립할 수 있도록 정보를 제공합니다. 세무회계는 세법의 복잡성과 지속적인 변화로 인해 전문 지식이 요구되는 분야입니다.

예를 들어 현대자동차가 연말에 세무 당국에 제출하는 법인세 신고서는 세무회계의 예입니다. 이 신고서는 세무회계 기준에 따라 작성되며, 회사가 해당 연도에 납부해야 할 세금 액수를 계산하는 데 사용됩니다.

각 분야는 회계 정보의 사용자와 사용 목적에 따라 다르며, 기업 운영의 다양한 측면을 지원합니다. 재무회계는 외부 보고를, 관리회계는 내부 의사결정을, 세무회계는 세금 관련 의무를 충족하는 데 중점을 둡니다.

9 원가 배부의 딜레마:
－관리회계에서의 사업부 간 갈등

관리회계에서 중요한 영역 중의 하나가 회사에서 발생하는 다양한 비용을 여러 사업부나 프로젝트에 배정하는 원가 배부 과정입니다. 이 과정은 사업부 간에 많은 논란의 발생될 수 있습니다. 이는 비용을 어떻게 배분하느냐에 따라 각 사업부의 이익과 손실 규모가 변하고 해당 사업부를 담당하는 임원의 성과 평가에도 영향을 미치기 때문입니다. 따라서 원가 배부는 사업부 간의 갈등을 유발할 수 있는 요소로 작용합니다. 특히 공정하고 명확한 기준을 세우지 않고 비용을 배분하면 일부 사업부는 불합리하게 높은 비용을 부담하게 되어 이는 내부 갈등이 고조될 위험이 있습니다.

280

다음은 이러한 문제가 발생할 수 있는 사례들입니다.

사례1:

한국의 어느 대기업에서는 여러 사업부가 공용으로 사용하는 자원의 비용을 각 사업부에 배부하는 과정에서 문제가 발생했습니다. 특히 중앙 연구소에서 개발한 기술을 여러 사업부에서 사용할 때 기술 개발 비용을 어떻게 공평하게 배부할지에 대한 갈등이 있었습니다. 일부 사업부는 사용 빈도나 기여도에 비해 과도한 비용을 부담해야 했고 이로 인해 내부적인 불만이 증폭되었습니다.

사례2:

미국의 한 제조업체에서는 생산 부문과 판매 부문 사이에 원가 배부와 관련된 갈등이 발생했습니다. 생산 부문에서 발생한 고정 비용을 판매량에 기반하여 판매 부문에 배부했을 때 판매 부문에서는 시장 상황에 따라 판매량이 달라지므로 고정 비용의 부담이 불공평하다고 주장했습니다. 이로 인해 사업부 간에 성과 평가와 인센티브 지급에 대한 갈등이 발생했습니다.

원가 배부를 공정하고 정확하게 하는 것은 어려운 과정 중의 하나입니다. 하지만 이해관계 사업부 간의 갈등을 최소화하기 위한 노력은 계속되어야 합니다. 다음은 이러한 갈등을 해결하기 위한 방안들입니다.

원가 배부 기준의 명확화 및 투명성 강화◆

원가 배부 과정에서 사용되는 기준과 방법론을 명확히 하고 이를 모든 관련자에게 투명하게 공개하여 이해와 수용도를 높여야 합니다. 이를 위해 사업부 간 협의체를 구성하여 원가 배부 방법에 대한 합의를 도출할 수 있습니다.

활동 기준 원가 계산(ABC Activity-Based Costing) 도입◆

활동 기준 원가 계산 방법을 도입하여 실제 사용량이나 기여도에 따라 비용을 더 정확하게 배부할 수 있습니다. 이 방법은 각 활동의 비용 동인을 분석하여 비용을 배부하기 때문에 보다 공정한 배부가 가능합니다.

내부 서비스 계약 도입◆

사업부 간에 내부 서비스 계약을 체결하여 서비스 제공과 비용 배부에 대한 합의를 명시적으로 정합니다. 이 방법은 사업부 간의 기대치를 명확하게 하고 서비스 비용에 대한 이해를 돕습니다.

분쟁 해결 메커니즘 마련 ◆

사전에 분쟁 해결 메커니즘을 마련하면 갈등이 발생했을 때 신속하고 공정하게 해결할 수 있습니다. 중립적인 내부 위원회를 구성하여 갈등 해결을 중재하고 최종 결정을 내릴 수 있습니다.

이러한 해결 방안들을 통해 사업부 간의 갈등을 최소화하고 원가 배부의 공정성과 효율성을 높일 수 있습니다.

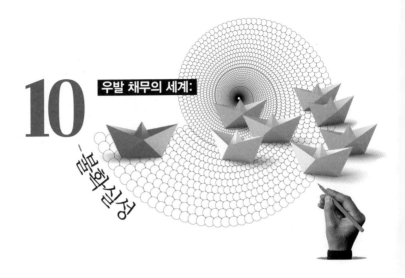

10 우발 채무의 세계:
—불확실성

우발채무란 특정 조건이나 사건의 발생에 따라 법적 또는 계약상
의 의무가 확정되어 실제로 지급의무가 발생하는 채무를 말합니다.
즉 현재는 재무제표에 명시적으로 나타나지 않지만 미래에 특정 조
건이나 사건의 발생으로 인해 실제로 지급해야 할 금액이 확정될 수
있는 잠재적 채무를 의미합니다. 이는 일반적인 채무와 달리 미래의
불확실한 사건에 의존하므로 해당 사건이 발생하기 전까지는 그 채
무의 존재 여부나 금액이 확정되지 않습니다.

우발채무의 예로는 보증채무, 소송 중인 채무, 파생상품 거래로
인한 채무 등이 있습니다. 예를 들어, 기업이 다른 기업의 대출에 대

해 보증한 경우 그 대출이 연체되었을 때 보증기업에게 지급의무가 발생하는 것이 우발채무의 한 형태입니다. 또한 소송 과정에서 패소할 경우 배상해야 할 금액도 우발채무에 포함됩니다.

우발채무는 기업의 재무제표에 중요한 영향을 줍니다. 그러므로 투자자나 이해관계자들이 기업의 재무 상태를 보다 정확히 이해할 수 있도록 주석을 통해 그 세부사항을 공시합니다. 우발채무는 미래에 기업의 현금 흐름에 영향을 미칠 수 있으므로 이를 잘 관리하고 대비하는 것이 중요합니다.

특히 우발채무는 M&A에서 중요한 고려 요소이며 그 이유는 다음과 같습니다.

① **가격 결정에 영향**: 우발채무는 인수 후 예상치 못한 비용으로 이어질 수 있으므로 인수 가격 결정 시 이를 고려하지 않으면 인수자가 과도한 가격을 지불할 위험이 있습니다.

② **재무 건전성 평가**: 인수 대상 기업의 진정한 재무 건전성을 평가하기 위해서는 우발채무의 규모와 성격을 정확히 파악해야 합니다. 이는 기업의 장기적인 수익성과 안정성에 영향을 미칠 수 있습니다.

③ **법적 리스크 관리**: 특정 우발채무는 법적 리스크와 직결될 수 있습니다. 예를 들어, 환경 문제나 과거의 법적 분쟁에서 발생할 수 있는 채무는 인수 후 기업에 큰 법적 책임과 비용을 초래

할 수 있습니다.

우발채무 관련 베링 포인트의 인수 사례를 보겠습니다.

베링 포인트는 경영 컨설팅 회사로 과거에 다른 회사를 인수했습니다. 이 과정에서 인수 대상 회사의 잠재적 우발채무를 제대로 평가하지 못했습니다. 인수 후 인수 대상 회사가 과거에 진행한 프로젝트와 관련하여 큰 규모의 소송에 휘말렸고, 이는 베링 포인트에 예상치 못한 큰 비용으로 돌아왔습니다. 결국 베링 포인트는 인수 대상 회사의 우발채무를 충분히 고려하지 않아 인수 후 소송으로 인한 막대한 비용을 부담해야 했습니다. 이는 베링 포인트의 재무 건전성과 사업 운영에 상당히 부정적인 영향을 미치게 되었습니다.

이 사례는 M&A 과정에서 우발채무의 중요성을 잘 보여주고 있습니다. 우발채무를 충분히 파악하는 하지 않은 채 인수를 진행할 경우 예상치 못한 비용이나 법적 문제로 기업의 가치를 심각하게 손상시킬 수 있습니다. 따라서 M&A 과정에서 우발채무에 대한 철저한 실사를 수행하는 것이 매우 중요합니다.

11

— 매출채권, 미수금 그리고 대손충당금

가끔 직원들과 매출채권과 미수금에 대한 얘기를 나눌 때 명확하게 구분을 못하는 경우를 발견하고는 합니다. 이 자리를 통해 간단하게 안내하고자 합니다.

매출채권과 미수금의 차이점◆

매출채권은 기업이 제품이나 서비스를 고객에게 판매하고 그 대가를 아직 받지 않았을 때 발생하는 채권입니다. 즉 고객이 나중에 지불하기로 한 금액을 말합니다. 매출채권은 기업의 주요 자산 중 하나로 기업의 매출과 직접적인 관련이 있습니다.

미수금은 매출 외 다른 이유로 발생한 회수 예정의 금액을 말합니다. 예를 들어 기업이 다른 기업에 대한 대여금, 직원에 대한 대출금, 기타 회수 예정인 금액 등이 미수금에 포함됩니다.

매출채권과 미수금의 사례◆

① **매출채권 사례:** A기업이 B기업에게 100만 원 상당의 제품을 판매했으나 B기업이 구매 대금을 다음 달에 지급하기로 했습니다. 이 경우 A기업의 장부에는 100만 원의 매출채권이 발생합니다.

② **미수금 사례:** C기업이 직원에게 출장비 명목으로 50만 원을 선급금으로 지급했으나 해당 직원이 출장비 사용 내역을 정산하고 남은 금액 10만 원을 아직 회사에 반환하지 않았습니다. 이 경우 C기업의 장부에는 10만 원의 미수금이 발생합니다.

대손충당금과의 관계◆

대손충당금은 매출채권 중 회수가 불확실한 금액에 대해 사전에 적립해 두는 손실충당금입니다. 기업은 매출채권 중 일부가 회수되지 않을 가능성을 고려하여 재무제표상에서 실제 자산 가치를 보다 정확하게 반영하기 위해 대손충당금을 설정합니다.

예를 들어, A기업이 B기업에게 판매한 100만 원 중 10만 원이 회수 불가능할 것으로 예상될 경우 A기업은 재무제표상에 10만 원을 대손충당금으로 설정하여 실질적인 매출채권 가치를 90만 원으로 반영합니다. 이는 기업의 재무 건전성을 유지하고 투자자 및 이해관계자에게 보다 정확한 정보를 제공하기 위한 조치입니다. 이에 대하여는 손익계산서상의 발생주의 원칙에서 설명하였습니다.

미수금의 경우도 회수 가능성에 따라 대손충당금을 설정할 수 있지만 매출채권에 비해 이러한 처리가 이루어지는 경우는 상대적으로 적습니다. 주로 매출채권에 대한 대손충당금 설정이 재무제표의 정확성과 신뢰성을 높이는 데 중점을 두고 있습니다.

12
자본변동표, 주석에 대하여

　재무제표에는 필자가 중점적으로 소개한 손익계산서, 재무상태표, 현금흐름표 외에 자본변동표와 주석이 있습니다. 이들도 기업의 재무 상태, 경영 성과, 그리고 현금 흐름의 변화를 이해하는 데 중요한 역할을 합니다. 각각의 문서가 가지는 중요성과 기능에 대해 소개하겠습니다.

자본변동표♦

　자본변동표는 기업의 자본 구성 변화를 보여주는 재무제표의 일부로 보고 기간 동안 발생한 모든 자본 관련 변동 사항을 요약하여 제시합니다. 이는 주식 발행, 배당금 지급, 자본 이익, 손실 등 기업의 자본에 영향을 미치는 모든 활동을 포함합니다. 자본변동표를 통해 투자자들은 기업이 어떻게 자본을 관리하고 있는지 기업 운영을 위해 자본을 어떻게 활용하고 있는지에 대한 통찰력을 얻을 수 있습니다. 또한 기업의 재무 안정성과 성장을 위한 자본 확충 능력을 평가하는 데 도움이 됩니다.

주석 ◆

재무제표의 주석은 재무제표상의 숫자들이 어떻게 도출되었는지, 어떤 회계 정책이 적용되었는지 등을 설명하는 세부 정보를 제공합니다. 주석을 통해 재무제표의 이해를 돕고 기업의 회계 처리 방법에 대한 투명성을 제공합니다. 주석은 재무제표를 해석하는 데 필수적인 역할을 합니다. 이를 통해 투자자나 이해관계자들은 재무제표의 수치 뒤에 있는 상황이나 회계 정책의 변화, 특정 재무 항목에 대한 추가적인 내용을 이해할 수 있습니다. 주석 없이는 재무제표를 정확히 이해하고 분석하는 것이 어려울 수 있습니다. 그러므로 주석은 재무제표의 투명성과 신뢰성을 높이는 데 중요한 역할을 합니다.

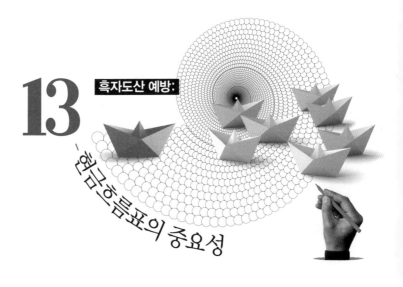

13 흑자도산 예방:
현금흐름표의 중요성

유동성 위기를 극복하지 못하면 결국 '흑자도산'에 이르기에 현금 관리는 매우 중요합니다. 다음은 한 대형 소매회사의 사례로, 현금흐름 관리에 대한 기본 개념을 이해하는 데 도움이 될 것입니다.

이 회사는 확장 전략의 일환으로 전국적으로 매장 수를 빠르게 늘렸습니다. 매출은 상승세를 보였으며 표면적으로는 회사가 성공적인 성장 궤도에 올라 있는 것처럼 보였습니다. 그러나 이러한 확장은 대규모의 자본 투자를 필요로 했고 대부분의 현금 유입은 신규 매장의 설립과 초기 운영 비용으로 소진되었습니다.

① **현금 유출 증가:** 회사는 신규 매장 개설 및 기존 매장 리모델링에 많은 금액을 지출했습니다. 또한 재고 확보를 위한 대규모 투자도 현금 유출을 가중시켰습니다.

② **현금 유입 감소:** 일부 신규 매장은 예상만큼의 수익을 창출하지 못했습니다. 초기 운영 비용이 매출을 상쇄하면서 회사의 현금 유입은 점점 줄어들었습니다.

③ **유동성 위기 발생:** 회사는 운영 자금과 차입금 상환에 필요한 충분한 현금을 확보하지 못하는 상황에 직면하고, 이는 공급업체 지불 지연, 추가 자금 조달로 이어졌습니다. 결국 일부 매장의 폐쇄와 인력 감축이라는 결정을 내려야 했습니다.

④ **대응 조치:** 회사는 비용 절감, 비핵심 자산 매각, 자본 구조 재편 등 여러 조치를 통해 유동성을 개선하려 노력했습니다. 또한 투자와 확장 전략을 재평가하여 현금 흐름 관리에 더욱 주의를 기울였습니다.

이 사례는 매출 증가와 수익성 향상만으로는 충분하지 않으며 현금 흐름 관리가 기업의 생존과 성장에 있어 매우 중요하다는 것을 보여줍니다. 특히 확장 기간 동안에는 현금 유입보다 현금 유출이 더 클 수 있습니다. 그러므로 현금 유동성을 철저히 모니터링하고 예비 자금을 확보하는 등의 조치가 필요합니다. 기업은 장기적인 성공을 위해 단기적인 현금 흐름 상황을 항상 고려해야 합니다.

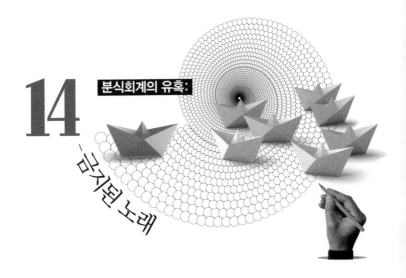

14 분식회계의 유혹:
금지된 노래

분식회계란 기업이 재무제표를 조작하여 실제 경영 상태보다 재무 상태를 좋게 또는 나쁘게 보이도록 하는 행위입니다. 이는 투자자들에게 잘못된 정보를 제공하여 잘못된 투자 결정을 유도할 수 있으며 장기적으로는 기업의 신용도와 주가에 심각한 타격을 줄 수 있습니다.

분식회계의 위험성은 다음과 같습니다.

① **투자자 손실**: 잘못된 정보에 기반한 투자는 투자자들에게 큰 손실을 초래할 수 있습니다.

② **시장 신뢰도 하락**: 분식회계가 발견될 경우 해당 기업뿐만 아니라 시장 전체의 신뢰도가 하락할 수 있습니다.

③ **법적 제재와 금융비용 상승**: 분식회계는 법적 제재를 받을 수 있으며 이로 인해 금융비용이 상승할 수 있습니다.

④ **기업 이미지와 가치 하락**: 분식회계는 기업의 장기적인 이미지와 가치를 훼손하며 회복하기 어려운 손상을 입힐 수 있습니다.

분식회계의 구체적인 과정을 설명하기 위해 엔론 사태를 예로 들겠습니다. 엔론 사태는 2001년에 발생한 대표적인 분식회계 사례로 당시 엔론은 미국의 대형 에너지 회사였습니다. 엔론은 복잡한 회계 기법과 투자자를 속이는 행위를 통해 재무제표를 조작하였습니다. 엔론의 분식회계 과정은 다음과 같이 진행되었습니다.

① SPE^{Special Purpose Entities}**의 사용**: 엔론은 특수목적법인^{SPE}을 이용하여 부채를 재무제표에서 숨겼습니다. 이러한 SPE는 엔론이 주요 주주였으며 엔론의 부채를 이들 회사의 장부에 옮겨 놓음으로써 엔론의 재무 상태를 매우 건전하게 보이도록 했습니다.

② **수익의 과대 계상**: 엔론은 에너지 거래를 통해 발생할 예정인 미래 수익을 현재 수익으로 계상했습니다. 이는 회사의 수익을 실제보다 훨씬 크게 보이게 만들었습니다. 예를 들어 엔론은

수십 년에 걸쳐 발생할 것으로 예상되는 수익을 거래 체결 시점에 전부 인식했습니다.

③ **가격 조작을 통한 수익 창출**: 엔론은 캘리포니아 전력 시장에서 전력 가격을 조작하여 인위적으로 가격을 상승시켰습니다. 이를 통해 엔론은 가공의 수익을 창출하고 이 수익을 재무제표에 반영했습니다.

④ **투자자와의 소통에서의 거짓 정보 제공**: 엔론 경영진은 회사의 재무 상태가 양호하다고 투자자들에게 지속적으로 거짓 정보를 제공했습니다. 이는 투자자들이 회사의 실제 재무 위험을 인지하지 못하게 만들었습니다. 이러한 분식회계 행위는 결국 엔론의 파산으로 이어졌으며 주가는 급락했습니다. 투자자들은 큰 손실을 입었고, 엔론의 분식회계 사태는 회계 감독 및 규제 강화에 대한 전 세계적인 요구를 촉발했습니다.

엔론 사태는 분식회계가 어떻게 기업의 실제 재무 상태를 왜곡할 수 있는지, 그리고 이러한 행위가 투자자들과 시장에 어떤 심각한 영향을 미칠 수 있는지를 명확하게 보여줬습니다.

　삼성에서 30년이 넘는 여정 속에서 필자는 많은 어려움을 극복하면서 강인한 도전 의지를 키워나갈 수 있었습니다. 그러한 도전정신이 인력경영 분야의 박사 학위 취득으로 이끌었고, 대학에서 학생들을 가르치는 데 중요한 원동력이 되었습니다. 하지만 이 모든 성취는 저 혼자만의 힘으로 이룬 것이 아니라 주위 사람들의 지원과 격려가 있었기에 가능했습니다. 최근에는 제가 쌓아온 지식과 경험을 널리 공유하고자 하는 열망이 점점 커지고 있습니다. 특히, 삼성에서 얻은 학습과 경험을 나 혼자만의 것으로 만들고자 하는 생각은 이기적인 마음이라는 생각도 들었습니다.

　대부분의 조직 리더는 그 위치에 오르기까지 많은 학습과 경험을 쌓아왔으며, 이론과 실무 모두에서 상당한 능력을 갖추고 있습니다. 하지만 모든 조직의 리더들이 완벽하지는 않습니다. 특히 처음으로 리더의 자리를 맡게 된 신임 팀장들은 자신의 역할을 어떻게 수행해야 할지 고민이 많습니다. 이에 필자는 팀장이 중점을 두어야 할 핵심 요소로 사람 중심, 문제 해결 능력, 그리고 숫자에 대한 이해를 강조하였습니다.

사람 중심의 접근, 문제 해결 능력, 그리고 숫자에 대한 이해는 팀장으로서의 성장에 결정적인 요소라고 확신합니다. 사람을 우선시하는 관점에서 성과를 창출하기 위해서는 개인의 다양성을 인정하고 팀의 시너지를 극대화할 수 있는 리더십을 발휘해야 합니다. 문제 해결 과정에서는 문제의 본질을 정확히 이해하고 그 원인을 철저히 분석한 후 팀원들의 집단 지성을 활용하여 해결책을 마련하고 이를 실행하여야 합니다. 숫자에 대한 깊은 이해를 위해서는 기술통계에 대한 기초 학습, 데이터에 대한 이해 및 회계의 기본 지식을 습득하는 것이 중요합니다.

이 책은 저의 첫 시도이자 열정으로 만들어진 작품임을 밝힙니다. 하지만 팀을 성공으로 이끄는 세 가지 요소는 방대한 주제입니다. 이 모든 것을 한 권의 책에 담기에는 한계가 있었습니다. 어떤 부분은 깊이 있는 분석보다는 요약된 형태로 다뤄져 독자들이 이해하기 어려움을 느낄 수도 있었을 것입니다. 시간이 허락된다면 필자는 각 요소에 대해 더 깊이 파고들어 각각을 개별적인 책으로 발전시켜 그 완성도를 높이고자 합니다. 이 과정에서 기업 현장과 학계의 전문가들로부터의 세심한 조언을 간절히 바랍니다.

진심으로 감사합니다.